Manual para correr la maratón

Rafa Vega

Manual para correr la maratón

¡Sí se puede!

(o de cómo afrontar cualquier desafío físico y mental que te propongas)

ALMUZARA

2010

Editorial Almuzara • Deporte
Director editorial: Antonio E. Cuesta López
Edición a cargo de David González Romero
www.editorialalmuzara.com
pedidos@editorialalmuzara.com - info@editorialalmuzara.com

Fotografías: Rafa Vega
Diseño y preimpresión: Equipo Almuzara
Maquetación y corrección: Deculturas, S. Coop. And.
Impresión y encuadernación: Gráficas La Paz

I.S.B.N: 978-84-92924-52-3
Depósito Legal: J-1189-2010

Hecho e impreso en España - *Made and printed in Spain*

Para Nuria,
Mi Wendy particular, con la que cada día
vuelo al país de Nunca Jamás.

Índice

SEPTIEMBRE

OCTUBRE

NOVIEMBRE

Prólogo

Por Abel Antón, campeón del mundo de maratón Atenas'97 y Sevilla'99

Un atleta, igual que cualquier persona, debe marcarse retos, debe tener un objetivo en la vida. Por ello, la carrera de un deportista debe estar llena de obstáculos que nos hacen ser más fuertes a la hora de alcanzar los futuros objetivos.

En el año 1996, después de mi participación en los Juegos Olímpicos de Atlanta (terminé decimotercero en la final de 10.000 metros), estuve a punto de dejar la alta competición. Sentía que mis esfuerzos, mi dedicación y entrega en los entrenamientos no daban los resultados que yo quería. Pero mi afán de superación me llevó a olvidarme de esa pequeña frustración que suponía no estar entre los ocho primeros en las grandes citas y, sin descansar, para no perder mi estado de forma, seguí entrenando con el objetivo inmediato de debutar en mi primera maratón (Berlín) a finales de septiembre de 1996.

Conseguí ganar, y de repente, todo cambió en mi vida, empecé a creer en mis posibilidades. Me sentía rejuvenecido por dentro. Volvía a disfrutar con la práctica del atletismo.

Y si Berlín me abrió las puertas, la cuna de la maratón me las ratificó. En el Campeonato del Mundo celebrado en Atenas'97 conseguí superar a mi rival y amigo Martín Fiz, en una carrera de desgaste tanto físico como psicológico.

Mi siguiente objetivo era la maratón de Londres en el año 98. Allí se daban cita los mejores maratonianos del mundo, pero yo irradiaba optimismo, venía de ganar el Campeonato del Mundo en Atenas, y eso me hacía más fuerte mentalmente que el resto de mis rivales. Recuerdo las sensaciones cuando crucé la línea de meta, se te olvida de repente el esfuerzo que has hecho y sólo piensas en positivo.

La preparación para el Campeonato del Mundo de Sevilla no fue la mejor, había empezado la temporada en el año 99, quedándome tercero en una nueva edición en la Maratón de Londres, en la cual participé cinco días después del nacimiento de mi hijo Daniel.

Pero el gran objetivo de este año era Sevilla.

Aquella tarde de agosto la capital hispalense ardía: sus paseos, sus avenidas, sus monumentos, sus gentes, todos estaban expectantes, esperando el paso de la maratón. Tengo grabado en mi mente los gritos de ánimo durante todo el recorrido de la prueba y, sin saberlo, ellos me estaban ayudando a conseguir un sueño, ser campeón del mundo en mi país.

Lo más grande que me ha pasado en mi vida deportiva.

Animo a todos a seguir luchando por conseguir su sueño. Y a leer este libro de Rafa Vega que habla, precisamente, de eso: de sueños.

Introducción

Una sola palabra, la exclamación «Sísepuede» es capaz de mover el mundo. Al menos el mío. Y espero que a partir de ahora también te ocurra a ti. Ésta es una historia de superación, de creer en uno mismo, de tener un sueño y lanzarte a realizarlo. Empieza y acaba en el mismo sitio, en Nueva York. Para muchos, la capital del planeta. Para mí, el centro de mi universo. Durante un año esa ciudad simbolizaba la culminación de un objetivo, superar un reto: su maratón. Y todo lo que eso implica.

Pisé por primera vez la Gran Manzana en octubre de 2007, junto a una expedición organizada por Andalucía Sports Bureau para la promoción de las excelencias de mi región la semana previa a la Maratón de Nueva York. Durante esos días quedé fascinado al descubrir una ciudad colosal, gigante en todos los sentidos. Pero el mayor impacto llegó en la recta final del viaje, el día de la carrera. Ahí me percaté de que 42 kilómetros suponen un sacrificio superlativo, pero que sacan del ser humano una capacidad de superación fuera de lo común. Sólo había que fijarse en las caras de los participantes. No las de los deportistas de elite, más habituados a estos esfuerzos, sino las de todos aquellos que de manera silenciosa giraban en la esquina que conecta Columbus Circle con Central Park. Ahí, apenas a 300 metros de la meta, viendo esa serena satisfacción en mi amigo José Carlos Jaenes, a punto de culminar su objetivo pero sin apenas fuerzas ni para levantar los brazos, quise ser como él, ser uno de ellos.

Pensé: «Sísepuede!» A la vez que regalaba esta pequeña aportación al idioma de Cervantes, con la invención de un neologismo fruto de la unión de tres palabras, estaba dando un paso vital que me embarcaba en el más maravilloso de los viajes. Desde entonces, este «Sísepuede!» se ha convertido en mi leit motiv, martilleando cada día mi cerebro.

Un eslogan para el que me atribuyo sin modestia sus derechos de autor en español, pero que ha sido usado per secula seculorum. Si cogemos la máquina del tiempo, aterrizamos en el comienzo de nuestra era. En latín, «possumus» es lo que los apóstoles Santiago y Juan contestaron a Jesús cuando éste les preguntó si, para sentarse a su lado en el Paraíso, estarían dispuestos a beberse un cáliz tan amargo como el suyo. «Podemos», contestaron ambos al unísono. Y es que un gran esfuerzo propicia la Gloria. Y si no, que se lo pregunten 2.000 años después a Barak Obama, el primer presidente negro de Estados Unidos. Con su «Yes, we can», pronunciado inicialmente durante su campaña para ser senador, logró cambiar el rumbo de la historia y dar esperanzas a los que andaban bajos de ánimos.

No litigaré con Obama por el copyright de esa expresión. Pero que conste que yo empecé a usarla antes que él lo hiciese en su carrera presidencial de 2008. De lo que no hay dudas es que aquel discurso se convirtió incluso en un hit musical gracias a la versión hip hop que hizo uno de los componentes del grupo Black Eyed Peas. En ella hay colaboraciones estelares como las del ex jugador de baloncesto Kareem Abdul-Jabbar o la actriz Scarlett Johansson, todos ellos demócratas declarados. Estaría bien que lo buscases en Youtube y lo escuchases. No tiene desperdicio como herramienta motivadora. Si te animas, aquí te dejo la letra y su traducción.

Yes We Can (Barack Obama Song), by Will.I.Am

It was a creed written into the founding documents that declared the destiny of a nation.
Yes we can.
It was whispered by slaves and abolitionists as they blazed a trail toward freedom.
Yes we can. Yes we can.
It was sung by immigrants as they struck out from distant shores and pioneers who pushed westward against an unforgiving wilderness.
Yes we can. Yes we can..
It was the call of workers who organized; women who reached for the ballots; a President who chose the moon as our new frontier.
And a King who took us to the mountain-top and pointed the way to the Promised Land.

Era un credo escrito en los documentos fundacionales que declararan el destino de una nación.
Sí se puede.
Fue susurrado por esclavos y abolicionistas mientras forjaban el camino hacia la libertad.
Sí se puede. Sí se puede.
Fue cantada por los inmigrantes al partir de costas distantes y de los pioneros que empujaban hacia el oeste contra una naturaleza que no perdona.
Sí se puede. Sí se puede.
Fue la llamada de los obreros cuando se organizaron. De las mujeres que alcanzaron el derecho al voto. Un presidente que escogió la luna como nuestra nueva frontera.
Y de un rey que nos llevó hasta la cima de la montaña y nos señaló la Tierra Prometida.

Yes we can to justice and equality. (yes we can, yes we can, yes we can, yes we can...)
Yes we can to opportunity and prosperity.
Yes we can to opportunity and prosperity.
Yes we can heal this nation.
Yes we can repair this world. Yes we can. Si Se Puede (yes we can, yes we can, yes we can, yes we can...)
We know the battle ahead will be long, but always remember that no matter what obstacles stand in our way, nothing can stand in the way of the power of millions of voices calling for change. We want change! (We want change! We want change! We want change...)
We have been told we cannot do this by a chorus of cynics who will only grow louder and more dissonant. We've been asked to pause for a reality check. We've been warned against offering the people of this nation false hope.
But in the unlikely story that is America, there has never been anything false about hope.
We want change! (We want change! I want change! We want change! I want change...)

Sí se puede a la justicia y la igualdad. (Sí se puede. Sí se puede. Sí se puede).
Sí se puede a la oportunidad y la prosperidad.
Sí se puede a la oportunidad y la prosperidad.
Sí se puede curar esta nación.
Sí se puede reparar este mundo. Sí se puede. Sí se puede.
Sabemos que la batalla será larga, pero recuerda siempre que no importan los obstáculos que se crucen en nuestro camino, nada se puede interponer al poder de millones de voces pidiendo el cambio. Queremos cambio! Queremos cambio!
Un inmenso coro de cínicos nos ha dicho que no lo lograremos. Y sus voces sólo aumentarán en volumen y disonancia.
Nos han pedido que paremos. Hemos sido advertidos de no ofrecer a esta nación falsas esperanzas.
Pero en la incierta historia que es América, nunca ha habido nada falso acerca de las esperanzas.
Queremos cambio! Queremos cambio!

The hopes of the little girl who goes to a crumbling school in Dillon are the same as the dreams of the boy who learns on the streets of LA; we will remember that there is something happening in America; that we are not as divided as our politics suggests; that we are one people; we are one nation; and together, we will begin the next great chapter in America's story with three words that will ring from coast to coast; from sea to shining sea - Yes. We. Can. (yes we can, yes we can, yes we can, yes we can, yes we can, yes we can, yes we can, yes we can, yes we can...)

Ahora, las esperanzas de la niña pequeña que va a una escuela en ruinas en Dillon, son los mismos sueños del niño que aprende en las calles de Los Angeles. Nos acordaremos que hay algo que está pasando en América. Que no estamos tan divididos como dice nuestra clase política. Que somos una gente. Que somos una nación. Y juntos empezaremos el siguiente gran capítulo en la historia de América con tres palabras que retumbarán de costa a costa, desde el mar hasta el brillante mar. Sí. Se. Puede. (Sí se puede, sí se puede...)

No trato de hacer aquí apología política. Más allá de la ideología, es un canto a la convicción de que algo se puede cambiar. Tu vida puede cambiar. La mía ya lo ha hecho. Aquel cuatro de noviembre de 2007 una voz interior me susurró: «Sísepuede!» Y me puse en marcha. Sólo hace falta esfuerzo y dedicación. Un año después, bajo la línea de meta en Central Park, tras terminar la maratón, lo confirmé.

Decía el escritor japonés Haruki Murakami (un consumado maratoniano) que «lo que es importante es alcanzar el objetivo, estar satisfecho de que lo has dado todo». Nuestra motivación no tiene límites, supera todas las barreras, todos los obstáculos, y te lleva hasta lugares inimaginables. Esta experiencia ha moldeado mi personalidad y ha sacado cosas de mi interior que pensaba nunca saldrían: determinación, fuerza de voluntad, confianza en mis posibilidades... Así que no te quedes parado, muévete, sueña, lucha porque se haga realidad.

Sísepuede!

JULIO

Santiago

(01/07/08)

Faltan 125 días

Nada tarda tanto como aquello que no se empieza.
Alain Joule.

Antes que nada, creo que lo más correcto y educado por mi parte sería presentarme. Me llamo Rafa, y no Santiago como aparece en el epígrafe. Pero me podéis llamar por el segundo nombre, y enseguida os explico por qué. Antes, sigo con mi tarjeta de visita. He sido de esas personas incapaces de hermanar mi presente con mi futuro, la realidad con el deseo. Siempre buscando algo, no sé qué, y por eso nunca me he quedado quieto. Cuando estaba a punto de lograr mi objetivo aparecía un nuevo reto y eso ha ido haciendo de mi vida una constante montaña rusa. El periodista que soñaba ser desde pequeño quiso entonces hacerse corredor de maratones. No me arrepiento por ello. Soy un inconformista, eufemismo de «tener culo de mal asiento», como me replica a veces mi santa madre.

Cada reto que me he planteado ha supuesto un viaje increíble. El primero, salir de mi casa hace más de una década para estudiar lo que quería. Hoy, 1 de julio de 2008, dejo de ser un mero periodista y me transformo en corredor. No un corredor cualquiera. Empiezo a preparar la Maratón de Nueva York. Estamos en el Día 1.

Y aquí viene la explicación a esa extraña identidad a la que hace referencia este capítulo. Santiago es el nombre del personaje principal de *El Alquimista*, de Paulo Coelho. Una obra fascinante que me tiene atrapado y acaba de caer en mis manos. Justo ahora, cuando comienzo una aventura que tiene similitudes con las del personaje de la novela del autor brasileño. Santiago es un pastor español que lleva una vida monótona al cuidado de sus ovejas. Hasta que algo le hace dejarlo todo atrás y emprender el camino en busca de un ideal. Él no sabe qué es realmente, pero hay una fuerza interior que le mueve. Para cumplir su sueño y encontrar su Leyenda Personal tendrá que mostrar perseverancia y carácter. Sólo así lo hará realidad.

El Alquimista se ha convertido en una especie de guía espiritual para el camino que emprendo. Una historia con bastantes paralelismos a lo que yo voy a vivir. Emprendo un viaje que no sé si me llevará hasta mi destino. Lo que sí tengo la certeza, como Santiago, es que hay que luchar para conseguir tu sueño.

A modo de mantras, cual monje tibetano, he recopilado algunas frases escogidas no sólo de *El Alquimista*, sino de toda la profusa literatura de Paulo Coelho. Espero que te sean de tanta ayuda como lo son para mí. Léelos, consérvalos en tu mente, trata de recitarlos antes de ponerte a correr, sácalos cuando necesites fuerzas… Funcionan!

«Cuando quieres alguna cosa, todo el Universo conspira para que la consigas».

«Nunca desistas de tus sueños».

«El Mundo está en las manos de aquellos que tienen el coraje de soñar y correr el riesgo de vivir sus sueños».

«Cuando alguien desea algo debe saber que corre riesgos, por eso la vida vale la pena».

«Nunca desistas de un sueño. Sólo trata de ver las señales que te lleven a él».

«No tenía miedo a las dificultades: lo que le asustaba era la obligación de tener que escoger un camino. Escoger un camino significaba abandonar otros».

«El que está acostumbrado a viajar, sabe que siempre es necesario partir algún día».

«Las personas cambian cuando se dan cuenta del potencial que tienen para cambiar las cosas».

Vivir es una aventura maravillosa

(02/07/09)

Faltan 124 días

Toda gran caminata comienza con un primer paso.
Johann W. von Goethe.

Lo tengo que confesar: como acabas de comprobar, me encantan las frases célebres. Siempre recurro a ellas, y lo vais a comprobar durante este trayecto que vamos a recorrer juntos. Pero mi principal fuente de inspiración no suelen ser grandes escritores ni preclaros pensadores. No. Esta frase se la he hurtado (sin previo pago de copyright) a mi admirado e idolatrado... Peter Pan. «Vivir es una aventura maravillosa». El niño más famoso a este lado del País de Nunca Jamás marca mis ideales.

Se trata de disfrutar del regalo más maravilloso que tenemos, la vida. Y de buscar nuevos retos, no quedarnos estancados viendo cómo pasa. Con optimismo, el único estado de ánimo que nos permite alcanzar las metas y superar los momentos de crisis. Más o menos como él hacía: cosía su sombra, volaba gracias al polvo de hadas, luchaba contra indios y piratas, conquistaba tesoros... y vencía al temible Capitán Garfio. A algo parecido me enfrento. Un desafío.

Allá por Noviembre de 2007 un grupo de amigos nos embarcamos en un maravilloso viaje a la capital del mundo: Nueva York. Entonces pudimos descubrir una ciudad gigante, descomunal. Un plató colosal que en aquel instante se hacía tangible y dejaba de estar en nuestro imaginario cinematográfico. Pero también se convirtió en un encuentro casual, casi furtivo, con una de las mayores aventuras en las que me he embarcado: la Maratón de Nueva York. El «Impossible is nothing (nada es imposible)» dejaba de ser el eslogan publicitario de una firma deportiva para convertirse en el «Sísepuede!» que hoy encabeza este desafío personal. Miles de personas, gentes de todas las edades superándose a sí mismas, demostrando que no hay límites y que cualquier muralla se puede derribar por alta y gruesa que sea. Cual picadura de serpiente, la maratón me inoculó su veneno. Y aquí estoy, el día que tanto había esperado por fin llegó.

Durante mucho tiempo he fantaseado con este momento, este uno de julio en el que «la cosa se pone seria». Empieza un plan de entrenamiento que va a durar cuatro meses, hasta el dos de noviembre, día de la Maratón de Nueva York. Entonces, cuando cruce la línea de meta (porque la voy a cruzar), habré llegado hasta el País de Nunca Jamás y Peter Pan estará orgulloso de mí.

La gran pregunta

(03/07/08)

Faltan 123 días

El sabio no es el hombre que proporciona las respuestas verdaderas, es el que formula las preguntas verdaderas.
Claude Lévi Strauss.

Durante las semanas previas al inicio del plan de entrenamiento (y estoy seguro de que a lo largo de los próximos cuatro meses será una escena que se repita) he tenido que responder a varias preguntas: ¿en qué puesto quiero quedar? ¿Cuántos kilómetros tiene la maratón de Nueva York? Ambas tienen fácil respuesta: lo importante es llegar, por encima del puesto; y todas las maratones tienen la misma distancia, 42,195 kilómetros. Pero hay una a la que no paro de darle vueltas: «¿y tú, por qué corres?» Me la formulan muchos amigos y compañeros cada vez que me ven. Mis curiosos interlocutores acompañan a esa cuestión la siguiente coletilla: «¡...con lo bien que se está en casa!». Es verdad que no hay nada como el calor del hogar... hasta que descubres el placer de correr.

Yo mismo también me lo he preguntado en bastantes ocasiones. Y supongo que tú también lo harás cuando te calces unas zapatillas. «¿Por qué demonios no me quedé tirado en el sofá?». Sólo te doy un consejo: sal ahí fuera, no lo dudes. Porque si no, te toparás contigo mismo divagando cual filósofo sobre el origen de la vida: ¿De dónde venimos? ¿a dónde vamos? ¿por qué corremos?

Si quieres que te diga la verdad, yo aún no he encontrado la respuesta a esa gran pregunta. Ni quiero. Tengo la absoluta convicción de que cuando descubra la solución a este enigma, cuando me tope con la piedra filosofal, dejaré de correr. Planteármela hace que me mueva, es una forma de vida.

Pero sí tenemos algunos resortes que nos impulsan a correr. El fundamental, por salud, para mantenernos en forma, porque nuestro metabolismo necesita quemar una cantidad de calorías diarias. Yo mismo tengo tendencia a engondar, y ya te puedes imaginar lo complicado que es perder esos kilitos que se te agarran al michelín. Y lo fácil que es cogerlos. Otra razón, el deporte nos socializa. A pesar de ser individual, el atletismo te permite interactuar con mucha gente (los miembros de tu club, con los que compartes entrenamientos, con los que te picas, con los que apenas te cruzas unos segundos...). Ves la ilusión en los ojos de los que corren, tienen un brillo especial en sus miradas. Además, correr es bien sencillo, casi primitivo. El ser humano lo lleva haciendo desde sus orígenes. No requiere una técnica depurada a nivel aficionado, ni tampoco un equipamiento excesivamente caro. Sólo necesitas unas zapatillas, y muchas ganas. A diferencia de otros deportes tan populares como la natación o el ciclismo, que exigen un espacio como una piscina o una herramienta como es una bicicleta. Y para terminar, lo más importante, preparar una maratón te hace cambiar tu visión sobre la vida.

Por todo esto, cada vez nos encontramos corriendo a más gente en los parques, paseos y campos. El número de participantes en maratones ha crecido de manera exponencial, los atletas con licencia federativa se cuentan por miles, y las tiradas de revistas como Runner's World aumentan cada mes.

Como habrás podido comprobar, llevo varias líneas echando balones fuera sin responder a la gran pregunta: «Y yo, ¿por qué corro?». Pues por fin me voy a mojar. Hay dos grandes culpables: uno, lo expuse al principio de esta historia, es la Maratón de Nueva York. El otro se llama Ángel Gámiz. Un compañero de trabajo y, sobre todo, un amigo. Él me inculcó el amor por el atletismo y el deseo por plantearme este reto. Su tenacidad y fuerza de voluntad son un espejo en el que mirarme. Antes de embarcarme en esta aventura, Ángel me parecía un bicho raro: una vida volcada a un objetivo, su devoción ferviente, la capacidad de sacrificio… Ahora me doy cuenta de que son virtudes totalmente necesarias para el atletismo, y también para la vida.

¿Por qué corremos? ¿Y por qué vivimos?

La maratón según el Yuyu,

Por José Guerrero «Yuyu»,
Maratoniano del sofá y el langostino tigre, y presentador de «El Pelotazo» de Canal Sur Radio

El atletismo consiste, grosso modo, en correr más que nadie y llegar antes que los otros a la meta. El atleta es un tío preparado, un señor que cuando está metido en la cama a las cinco de la mañana le dice a su señora: «cariño, me voy a correr», y va el gachó y se pone un chándal y se marcha a la calle a pegar carreras, ante la decepción de la señora, que había hecho otros planes al oir la frase de su marido.

Existen dos tipos de pruebas de carreras: las de velocidad y las de fondo. Las primeras consisten en correr poco pero muy rapidito; y las segundas en correr largas distancias pero a una velocidad más lenta que una cabrilla haciendo tai chi. Sin duda, la prueba reina de las carreras de fondo es la maratón. Su origen se remonta a 500 años antes de que San Pedro perdiera el mechero, cuando el soldado griego Filípides se metió entre pecho y espalda 42,195 kms. para anunciar a sus colegas la victoria ante los persas. El soldado griego corrió hasta la ciudad de Maratón, donde dio la noticia y murió de fatiga, y antes de exhalar dijo sus últimas palabras: «a ver si inventan ya Internet». Tras lo cual falleció.

Los grandes dominadores de las pruebas de fondo son los atletas africanos, que no se sabe por qué pero siempre ganan. Claro, que también hay excepciones. En algunas pruebas de fondo, los atletas buscan a otro que haga el trabajo sucio, es decir, un tío que ni va a ganar ni nada por el estilo, pero que marca el ritmo de la carrera para que otro bata el récord del mundo. A este individuo se le llama «liebre», nombre que ha inducido a no pocas confusiones, algunas con resultado trágico. En el Campeonato del Mundo de Atletismo de 1995 ocurrió un lamentable incidente cuando el etíope Pambimbo Konkeso, al que su entrenador había mantenido dos semanas sin comer para que perdiera algo de peso, se enteró por la megafonía del estadio que un compatriota haría de liebre por lo que, muerto de hambre, lo metió en una perola de barro, le echó arroz y lo cocinó en medio de la pista ante el horror de los espectadores asistentes al Estadio Olímpico.

Así pues, en la maratón los atletas tienen que hacer grandes esfuerzos por acabar la prueba. No es extraño que se produzcan graves accidentes debido al esfuerzo. En la Maratón de Londres de 1998, la atleta de la Serranía de Cádiz Juana de Arcos, quemó tantas calorías que las calorías quemadas hicieron combustión con la colonia que usaba la corredora y la atleta salió ardiendo en el kilómetro 32.

El gran peligro de esta prueba es la deshidratación que pueden sufrir los corredores. No olvidemos que el cuerpo humano está compuesto en un 95% de agua, por lo que si una persona está parada algo más de cinco minutos podemos considerarla un charco. De ahí que los corredores de la maratón beban más agua que los peces en el río durante el desarrollo de la carrera.

Por ello, es normal que los corredores siempre estén probando nuevas innovaciones tecnológicas para mitigar las fatigas de tan dura prueba. En la última Maratón de Nueva York el corredor segoviano Abel Qué Pasa disputó la prueba con unas innovadoras zapatilas diseñadas por su padre, pescadero en Segovia. El revolucionario calzado presentaba importantes modificaciones frente a las zapatillas convencionales. La suela de goma se sustituyó por un lenguado fresco, con lo que el pie del atleta resbalaba sobre ella y conseguía unas décimas más de ventaja sobre sus rivales. Otra ventaja de la zapatilla es que, a causa del calor interior, el lenguado se iba cociendo durante la prueba y, al estar en contacto con el pie sudado durante 42 kilómetros, adquiría un penetrante olor a cabrales. Por lo que al llegar a la meta el corredor se comía el lenguado y reponía fuerzas en la misma línea de llegada. Además, el calzado incorporaba un nuevo sistema de tracción consistente en el pellejo seco que mudó un catalán en una playa de Mallorca durante unas vacaciones de Semana Santa. Con esto se conseguía un mayor agarre al suelo, dado que los catalanes tienen fama de ser muy agarrados.

Desgraciadamente, estas innovaciones no le sirvieron de nada al corredor español, que quedó el último a causa del fuerte calor que hizo durante la prueba. El español perdió más agua que una lavadora vieja y la victoria fue para el corredor etíope Mebebo Unkuwata, que fue bebiendo cubatas cada 500 metros y llegó el primero a la meta, aunque dando evidentes «cambayás».

Las pruebas de fondo exigen a los atletas una enorme preparación y entrenamiento que, en ocasiones, los conducen a llevar a su cuerpo a límites extremos. En febrero de 1987, el keniata Mebeo Muchungo, por aquel entonces campeón olímpico de maratón, apareció muerto en plena selva africana, donde se entrenaba de cara al Mundial de atletismo. Varios indígenas encontraron el cadáver del atleta con síntomas de haber sufrido un ataque al corazón y avisaron a las autoridades del suceso. La doctora forense norteamericana Ann Estesia, que realizó la autopsia del corredor, descartó que la muerte del mismo se debiera a un ataque al corazón y más se inclinó por un ataque al corazón, hígado, páncreas y pescuezo, ya que al parecer lo atacó un león mientras estaba entrenando.

También a nivel amateur son millones de personas las que corren maratones. Así, es fácil encontrarse a primeras horas de la mañana a individuos, ataviados con calzonas, corriendo a unas horas en las que las calles no están ni puestas. Yo confieso que todavía no he visto a ninguno de estos seres, aunque parece ser que existen. Mi religión me prohíbe levantarme antes de las 12h30, y mi despertador salta de las tres de la mañana directamente a las 12. Las demás horas no existen, aunque estoy intentando bajarme un «parche» de internet para actualizar el software del despertador.

Evidentemente, la maratón daría para escribir muchas páginas. Pero, lamentablemente, la OPECT (Organización de Países Exportadores de Cartuchos de Tinta) ha encarecido el precio de los cartuchos para las impresoras y no está la cosa como para tirar el dinero.

No sin mis zapatillas

(04/07/08)

Faltan 122 días

Si quieres triunfar, no te quedes mirando la escalera.
Empieza a subir, escalón por escalón, hasta que llegues arriba.

No me reconozco. La verdad es que me ha picado fuerte el veneno de la maratón. Mientras hacía la maleta para pasar el fin de semana en Canarias, pensé en desconectar de los entrenamientos, que con cuatro días había tenido suficiente y no era plan de agobiarme demasiado a las primeras de cambio. Todo poco a poco, en su justa medida. Pero enseguida recapacité. Ya vendrán momentos en los que por trabajo no pueda correr, así que me voy a Las Palmas con las botas puestas. Y ahí llevo entre mi equipaje las zapatillas y la ropa de correr.

Con apenas un fin de semana en las islas afortunadas, pensé que sería complicado encontrar un hueco para trotar un rato. Pero está claro que si quieres, puedes. Debes encontrar tu propia motivación, y aquí no es difícil toparte con ella: tener la oportunidad de rodar junto a un paisaje paradisíaco, con muy buena temperatura, no está a mi alcance todos los días. Así que manos a la obra.

Apenas ha sido media horita, lo suficiente para paladear el dulce sabor que nos deja el trabajo bien hecho, la satisfacción por no fallar ni un sólo día de los que estaban marcados en la planificación. De esta forma, he cumplido mi primera semana completa de entrenamiento. Quedan todavía 18. Parece un mundo, que Nueva York queda aún muy lejos.

Pero no tanto. Ahora toca darle continuidad. El importante primer paso se ha dado, cinco días seguidos, algo que no había hecho jamás. Por eso me siento orgulloso. Hay que seguir con las botas puestas.

Mi inspiración

(05/07/08)

Faltan 121 días

Hay personas que, para definirse a sí mismas, necesitan conocer las posibilidades de su resistencia y pensar: sí, soy capaz de soportar eso.

Lance Armstrong.

El día que arranca el Tour de Francia siempre es especial. Supongo que como al resto de aficionados, me invade cierto nerviosismo. Quizás la larga espera de un año provoque ese cosquilleo repentino que se repite cada año a principios de julio. Porque el ciclismo es el deporte en esencia. El sacrificio y el esfuerzo llevados hasta el extremo. Los límites del ser humano, puestos a prueba durante 21 días sin descanso.

Nadie mejor que Lance Armstrong encarna tales valores. Más aún en su caso, porque no fueron las duras rampas alpinas ni los fuertes vientos de la Bretaña sus peores enemigos. El Galibier era una simple tachuela al lado de un puerto de categoría especial como es el cáncer. Pero el americano puso plato pequeño, empezó a escalar y fue capaz de llegar a la cumbre de esa montaña con rampas de gran pendiente.

Después de demostrarnos que un ser humano puede demarrar a la muerte y ganar siete Tours de Francia, la carrera francesa se ha quedado huérfana. La que hoy arranca es la tercera edición sin él. Pierde el ciclismo, pero ganamos los maratonianos. Porque en 2006, justo después de bajarse de la bici, Armstrong se calzó las zapatillas para correr la maratón de

Nueva York. Y no lo hizo nada mal, un tiempo de tres horas que muchos firmaríamos con los ojos cerrados.

El año pasado volvió a la Gran Manzana y allí pude verle de cerca en la salida. Iba vestido de amarillo, el mismo color que poco tiempo antes le hacía sobresalir por encima del resto de ciclistas en el pelotón del Tour. Ahora, camuflado entre los 40.000 participantes, era uno más. No aspiraba a la victoria, ni siquiera tenía posibilidades de llegar entre los primeros, como cuando cabalgaba con su cabra en las contrarrelojes. Pero ahí, justo antes de empezar esos 42 kilómetros, sentí que ese hombre era especial, único. Poca gente ha sentido tan de cerca el gélido escalofrío de la muerte, y después ha resurgido cual ave fénix como él. Afrontar la cruda realidad de que te den pocas posibilidades de superarlo y, a pesar de eso, luchar con la única brizna de aire que tienes para salir adelante. Él quería, por encima de todo, vivir.

Es difícil encontrar algo por lo que luchar cuando has superado un cáncer y después has subido más veces que nadie en la historia al podio de los Campos Elíseos. Pero ahí estaba Lance. En la línea de salida de la maratón. Ahora, como él mismo dijo, no luchaba contra los temidos ataques de los escaladores: «Mi competitividad se centra en mí mismo, no en aquellos que tengo alrededor». Su principal adversario era él, se trataba de conocer hasta dónde podía llegar. Y tratándose de alguien que ha superado un cáncer, es posible que no haya límites.

Ella

(07/07/08)

Faltan 119 días

Si no sueñas, nunca encontrarás
lo que hay más allá de tus sueños.

Nos conocimos hace menos de un año. Ella lucía, como siempre por esas fechas, la mejor de sus sonrisas. Era noviembre, y siempre por esa época estrena vestido y se pone todavía más guapa de lo que habitualmente es. Nuestro encuentro fue un tanto casual. Como suele ocurrir en este tipo de historias, fue un amigo común el que nos presentó. Anchoa fue el culpable. Me comentó que tenía ganas de que yo la conociera, que me iba a encantar, que seguro que congeniábamos y todas esas cosas que se suelen decir… y así fue.

Yo ya sabía de ella, me habían hablado bastantes veces y todos contaban maravillas. Pero quería sentir esa sensación de encontrármela cara a cara, de mirarla a los ojos, de comprobar que realmente lo que me decían era verdad, que no exageraban. Y cuando me la encontré… El flechazo fue instantáneo. Sentí que era ella. Se nota que ha mejorado con los años, que la edad le sienta de maravilla. Es algo mayor que yo, eso sí, pero está más joven que nunca.

Apenas estuvimos juntos aquel maravilloso cuatro de noviembre, pero fue un día inolvidable. Caminamos por Queens, recorrimos la Quinta Avenida, paseamos por Central Park. Siempre lo recordaré. La pena es que al día siguiente tuve que regresar, pero prometimos volver a vernos.

Desde entonces nuestra relación, aunque en la distancia, se ha ido consolidando. Al principio de manera más furtiva, hablábamos de vez en cuando. Pero desde hace un mes se puede decir que la cosa va más en serio. Tenemos contacto todos los días y a mí la verdad es que me está enganchando. Empezamos viéndonos 40 minutos diarios, y ya vamos por una hora. No hay día en que pueda vivir sin ella. Y sé que cada vez queda menos para que la vuelva a ver. Qué ganas tengo.

Ella tiene nombre de mujer. Ella es… la Maratón de Nueva York.

El arte de la guerra

(08/07/08)

Faltan 118 días

Es mejor ganar sin luchar.
Sun Tzu.

El arte de la guerra, escrito por Sun Tzu, está siendo mi libro de cabecera estos días. Un manual totalmente contemporáneo y actualizado, a pesar de ser escrito hace unos cuantos siglos. En él se ensalza el principio básico del taoísmo, esto es, conseguir lo máximo haciendo lo mínimo: hacer que el conflicto sea innecesario, ganar sin luchar. Para ello, es fundamental una buena planificación:

> «El que planifica la victoria en el cuartel general, incluso antes de entablar la batalla, es el que tiene más factores estratégicos de su parte. (...) Por esto se dice que los guerreros victoriosos vencen primero y después van a la guerra (...) Ésta es la diferencia entre los que tienen estrategia y los que no tienen planes premeditados».

Igual que Napoleón estableció una estrategia para conquistar el mundo, o Coca-Cola traza cada año un plan de negocio para aumentar sus beneficios, nosotros también debemos tener unas líneas maestras que nos guíen durante este viaje de cuatro meses. Esta hoja de ruta será fundamental, porque va a ser la pauta para marcarnos el camino, para saber qué debemos hacer cada día. Sin planificación, no vamos a ninguna parte.

Puedes encontrar planes de entrenamiento en muchas webs especializadas. En mi caso, he fabricado una especie de cóctel: un poquito de internet, otro poco de consejos por parte de especialistas y una pizca de sentido común. Lo agitas bien, y ya tengo mi plan: cuatro meses de duro trabajo, en los que progresivamente iré aumentando mi resistencia, combinando tiradas largas y cortas, con cuestas y series, además de los pertinentes y fundamentales descansos. Cuando llegue el último mes será el momento de hacer tres medias maratones y un rodaje de 30 kilómetros. Y en la semana previa a la maratón, iremos reduciendo la carga de entrenamientos para no llegar excesivamente fatigados. El objetivo, hacerla en cuatro horas, lo que significa ir a un ritmo ligeramente por debajo de los seis minutos el kilómetro.

Para los que no nos dedicamos profesionalmente a esto, es fundamental tener conciencia de que el plan debe ser cumplido con el mayor rigor posible, pero con la flexibilidad de quien tiene unas obligaciones laborales que cumplir. Por eso, habrá que sacar tiempo de donde no lo hay para entrenar cuatro o cinco días a la semana. Algunos suelen salir a correr por la mañana temprano, justo antes de irse al tajo. De hecho, es muy recomendable. Pero la cama ejerce sobre mí un poder de atracción tan grande que me sería muy difícil robarle una hora al sueño para ir a entrenar. Yo prefiero ir por la tarde, aunque eso signifique tener menos horas libres para hacer otras cosas.

Sea como sea, asumes una responsabilidad. Es un desafío diario desde que suena el despertador. Estoy seguro de que descubriré fuerzas que desconocía tener. Siempre con la maratón en el horizonte, pero sin dejar que se convierta en un suplicio, sino en un placer.

Empieza una de las experiencias más apasionantes de mi vida.

Fondo de armario

(09/07/08)

Faltan 117 días

A cada ser su colorida ropa viste la luz.
Jacques Delille.

Uno de los grandes cambios que he experimentado en la semana que llevo de entrenamiento es que, casi sin haberme percatado, mi armario ha sufrido una evidente transformación. No hablo ya de la ropa de verano, que hace algunas semanas que le ganó la batalla a la de invierno, sino de prendas que jamás había imaginado tener. En este breve lapso de tiempo las mallas y las camisetas sin mangas se han hecho un hueco importante en las estanterías. Empezaron de manera discreta, ocupando el fondo de uno de los cajones. Pero silenciosamente han terminado por convertirse en las reinas del armario. Eso sí, en honor a la verdad tengo que decir que mi familia y amigos han colaborado, equipándome de los pies a la cabeza con sus regalos cada vez que ha habido alguna celebración especial. No está mal el cambio de chip, porque hasta mi madre ha sustituído los típicos calzoncillos que me regalaba en Reyes por un magnífico cortavientos para el otoño. Se agradece. Y sientes un plus de motivación el día que corres estrenando algo.

Para alguien como yo, que no había corrido de forma periódica hasta ahora, la renovación del vestuario es fundamental. Conforme aumentan tus días de entrenamiento te vas dando cuenta de que una camiseta de algodón, empapada por el sudor de los cálidos días de julio, no es lo más recomendable. Ahora ese tejido ha dado paso a la lycra antitranspirable como el dry fit o el cool max. Y si es sin costuras, mejor que mejor, que luego pica mucho. Puestos a elegir, en esta época del año me han recomendado los colores claros. No por que estén de moda esta temporada, sino porque reflejan los rayos solares y evitan que se recaliente la ropa.

Con lo que yo no me veía era con esas ceñidas mallas, marcando paquete. Aunque una vez que las pruebas, te resultan de lo más cómodo, y evitas unas molestas rozaduras por la fricción de los muslos. Luego están los corredores que prefieren los clásicos pantalones cortos. Hay de todo, como en botica.

Además de esas dos prendas fundamentales, hay un par de accesorios inseparables: las gafas de sol y la gorra. Con las primeras evito tener que ir guiñando los ojos, al tenerlos claros. Y con la segunda me protejo del sol que cae directamente sobre mi cabeza.

Al principio no me veía vestido así. Me sentía un extraterrestre. Pero conforme van pasando los días me voy sintiendo cada vez más cómodo. De hecho, hay veces en que te miras al espejo y hasta te imaginas de esta guisa corriendo por las calles de Nueva York.

Una segunda piel

Por Sergio Parra Valero

Presidente Hummel España y Portugal

La calidad y características técnicas de las prendas deportivas utilizadas en el atletismo son determinantes para el confort y la comodidad del atleta. Aun más si cabe, en modalidades de fondo o, en la prueba reina, la maratón. La alta tecnología en nuevos tejidos que ofrecemos las primeras marcas, debe ajustarse al cuerpo del maratoniano como su «segunda piel». La prenda debe proteger del roce continuado durante toda la prueba, donde el nivel de humedad es alto y el riesgo de sufrir molestias en zonas sensibles es considerable. Una leve rozadura o un simple pliegue en el calcetín pueden generar grandes molestias durante la prueba y, en ocasiones, tener consecuencias fatales como la retirada. La tecnología Play Dry que desarrolla Hummel en la colección running facilita el control de la humedad a través de una adecuada transpiración.

Las grandes marcas ponemos la última tecnología al servicio del atleta, pero el entrenamiento y el esfuerzo sólo lo puede poner la persona.

Atletismo de salón

(10/07/08)

Faltan 116 días

Nunca se ha logrado nada sin entusiasmo.
Emerson.

Siempre se está mejor a cubierto. O eso dicen. Te sientes como más resguardado, ¿verdad? Es esa búsqueda de la protección, y ante el miedo a lo desconocido que supone la vida en general, y una maratón en particular, por lo que he decidido pasar mi primer mes de preparación para Nueva York alternando el asfalto con el cobijo que dan las paredes de un gimnasio. Por eso, y por el calor de julio, que invita a todo menos a correr. Ya sabes: que si «¿echamos una caña?, que si «vale, y pónme una tapita de ensaladilla», que si «deja lo de correr para mañana, con lo a gusto que se está en esta terraza»... Pero el calendario manda, y si uno quiere estar fino para principios de noviembre, habrá que renunciar a ciertas tentaciones y trazar un plan como sea para rodar una horita diaria a pesar de la canícula estival.

Si hay algo que sobra en el gimnasio al que suelo ir (además de buena gente), son cintas para correr. Los atletas más puristas les pondrán algún que otro inconveniente (el impacto de la rodilla es menor que sobre asfalto, por ejemplo), pero la necesidad agudiza el ingenio. Y aquí de lo que se trata es de ir quemando kilómetros y escapar del rigor del Lorenzo. Además, siempre encuentras un vecino de cinta con el que analizar la situación política internacional... o simplemente darle al palique y echar unas risas mientras corres. Mi amigo Fran es mi gran confidente y te puedo asegurar que gracias a esas improvisadas tertulias muchos días me he bajado de la cinta casi sin percatarme de lo rápidos que se pasan 60 minutos en buena compañía y con una agradable sensación: «A pesar de ser un hombre, he sido capaz de hacer dos cosas a la vez: correr y hablar». La evolución del género masculino, que está dando pasos de gigante.

Bromas aparte. Durante este mes el gimnasio va a ser mi carretera, el asfalto que pisen mis zapatillas, el oxígeno que respiren mis pulmones, las calles de la Gran Manzana por las que me imagino algún día, y el escenario en el que se van construyendo mis sueños: correr la maratón de Nueva York. Nunca olvidaré que todo empezó aquí. A cubierto.

¡Marchando una de calamares!

(11/07/08)

Faltan 115 días

La única manera de conservar la salud es
comer lo que no quieres, beber lo que no te gusta
y hacer lo que prefirirías no hacer.
Mark Twain.

Más allá de salir a correr con regularidad, lo que más difícil se me está haciendo en estos primeros diez días de entrenamiento es renunciar a uno de los grandes placeres de la vida: comer. Y más aún en esta época del año, cuando lo que más nos apetece es salir con los amigos a tomar unas cañas y sus correspondientes tapitas. En nuestro país es toda una cultura, con la que nos sentimos plenamente identificados y por la que nos envidian los que nos visitan. Esa ensaladilla rusa, esa carne en salsa, esos calamares a la romana. Para chuparse los dedos.

Pero tengo que ir asumiendo que la lista que acabo de enumerar debe ir desapareciendo de mi dieta diaria y ser sustituida por otros alimentos más saludables. En definitiva, de lo que se trata es de cuidarse. Y la ecuación es tan fácil que la entiendo hasta yo, que soy de letras: la cantidad de calorías ingeridas debe ser menor a las gastadas. O, lo que es lo mismo: comer menos productos con alto índice calórico. Con lo que a mí me gustan las palmeras de chocolate y las patatas fritas. Pues se acabaron los precocinados, la bollería industrial, los congelados. Éste es el precio que hay que pagar para llegar hecho un pincel a Nueva York.

Eso no significa que esté pasando hambre. Todo lo contrario. Más bien le estoy dando a mi cuerpo alimentos que «sirven». Esto es, somos como el motor de un coche y necesitamos gasolina. Cuanto mayor sea la distancia que recorra, habrá que recargar más. Ese combustible son los carbohidratos, fáciles de digerir y de transformar en energía. Se convierten en fundamentales la pasta, arroz, legumbres, hortalizas y fruta. En definitiva, muchas de las cosas que no me gustaban de pequeño las voy a tener que comer ahora: lentejas, judías, guisantes… Cuando mi madre se entere le va a dar algo.

Por eso, correr y comer son palabras muy parecidas, casi homófonas. Ortográficamente sólo se diferencian en dos letras, pero semánticamente son casi antónimas.

Peor solo que bien acompañado

(14/07/08)

Faltan 112 días

¿Quiere usted saber cuál es el secreto de mi buena salud?
El deporte. Jamás lo practiqué.
Sir Winston Churchill.

¿Me permites una pequeña transgresión? Discúlpame la osadía, pero de vez en cuando viene bien pegarle un traspiés (aunque sea leve) a ese manual de dichos y frases populares al que día sí y otro también echamos mano de forma recurrente. En este caso me refiero al trillado «mejor solo que mal acompañado». La ecuación que pretendo formular es bastante simple. No podría ser de otra manera, teniendo en cuenta que soy un hombre de letras y que los números de nunca han sido mi fuerte. Allá va. Como el orden de los factores no altera el producto, lo único que necesitamos es cambiar la polaridad de los dos adverbios: el que es positivo hacerlo negativo, y viceversa. De ahí nos resulta este «peor solo que bien acompañado» con el que me encuentro más afín.

Todo esto viene a resultas de una agradable visita que he recibido en la particular embajada que es mi casa, y con quien he compartido la carrera de hoy. No es algo habitual para mí, ya que normalmente lo hago en mi soledad, ensimismado unas veces en mis pensamientos, otras en la distancia recorrida y el tiempo transcurrido, y las más en lo que voy a escribir cuando llegue. Pero es obvio que se hace más llevadero tener a alguien al lado y, si en este caso, es un experto en estas lides, pues mejor que mejor. El amigo en cuestión es Paco Garzón, presidente de mi club, Los Trotanoches de Guadix, y con unas cuantas maratones a sus espaldas. Y, como con él siempre hay tema de conversación, la hora de carrera se pasa volando. Su catálogo es amplio, su rango pasa de lo divino a lo humano, de lo racional a lo irracional. Además, la dilatada experiencia que tiene en las carreteras incrementa mi interés. Y así, cuando te quieres dar cuenta y estás en lo más interesante del parloteo, llegas al punto de destino. Es de esos días en los que no quieres que se acabe el entrenamiento. Lo mejor, que el que se acabe no significa que ahí termine la charla. Se prolongó unas cuantas horas. Es que los dos tenemos carrete para aburrir...

De cero a cien

Por Paco Garzón,

Maratoniano y presidente de «Los Trotanoches»

Pasar de la nada a un todo, pasar del sedentarismo a correr una maratón, pasar de la inactividad deportiva a plantearte metas y retos que nunca imaginabas es consecuencia de una meditación provocada: o bien por el estrés diario, o bien por cambiar los hábitos de la vida de una persona para mejorar física y psíquicamente. Éste es el caso de nuestro amigo y compañero Trotanoches Rafa Vega, una persona metódica, que se planteó como meta correr la Maraton de New York en 2008.

Un día en una visita a Sevilla donde pude compartir entrenamiento en los comienzos del camino que había iniciado hacia el éxito maratoniano, pude comprobar que Rafa estaba, no solamente ilusionado por ese cambio en su vida, sino que además planificaba su rutina con los ojos puestos en los 42.195 metros; era un reto, era una meta, y lo consiguió. El tesón y, en cierto modo, la disciplina deportiva popular a la que se sometía hizo posible el logro, logro del que Los Trotanoches, sus compañeros nos sentimos muy orgullosos.

Rafa es un campeón, enganchado a esto del atletismo popular. Carreras y más carreras le esperan a lo largo de la carrera más dura, que es la Vida. Pero lo cierto es que, gracias a este maravilloso deporte, la misma se hace mucho más llevadera y mucho más feliz.

Mi primera vez

(15/07/08)

Faltan 111 días

Como no sabían que era imposible, lo hicieron.
Jean Cocteau.

Nunca he sido demasiado prematuro en nada. Ni para andar, ni para leer, ni para… ya sabes. Las prisas no han ido conmigo, todo a su debido tiempo, con calma. Por eso, a pesar de mis 30 primaveras me dispongo a hablar de mi primera vez. Pero que nadie se asuste. Una cosa es la precocidad y otra chuparse el dedo. Ni lo uno ni lo otro, que quede claro. Y aquí estamos para hablar de atletismo. La virginidad a la que me refiero tiene que ver con romper la barrera de una hora corriendo. Según el plan que me habían trazado, esto tendría que haber ocurrido hace ya un par de semanas. Pero ya se sabe, el veranito… y uno, que es un poco perezoso por esta época.

A decir verdad, no era la primera vez propiamente dicha. Ya en alguna ocasión había sobrepasado la barrera de los 60 minutos. Pero siempre en las típicas carreras populares, arropado por un montón de gente. La multitud y los compañeros te llevan prácticamente en volandas, y ese subidón hace que el tiempo y los kilómetros se te pasen volando. De ahí precisamente conservo una de las experiencias más maravillosas que he vivido. Fue la primera vez que completé la Nocturna del Guadalquivir, en Sevilla, culminada en pleno éxtasis en el Estadio de La Cartuja, el mismo escenario al que Abel Antón había llegado tres años antes levantando los brazos como campeón del mundo de maratón. Supongo que la sensación fue parecida, salvando las distancias. Por entonces, no estaba tan preparado físicamente como ahora, por lo que aquello era un reto enorme. Y completarlo una sensación de triunfo brutal. Eso ocurrió en 2002. Desde entonces, nunca he faltado a esa cita.

Hecha esta puntualización, volvamos al punto de partida. El de hoy ha sido mi primer entrenamiento serio, en solitario, sin nadie alrededor y cumpliendo a rajatabla con lo que había establecido en la planificación. En principio me había planteado rodar 50 minutos pero, como las sensaciones eran buenas, decidí probar y llegar a esa barrera psicológica. Una especie de muro que hasta el momento había sido insalvable para mí: una hora. 60 minutos con todos sus segundos. Se nota que empiezo a ir confiando en mis posibilidades, creer en ti es lo que marca la diferencia entre conseguir los objetivos o no lograrlos.

Te puedes imaginar la sensación en ese instante. Es como cualquier otra primera vez: dolorosa, pero placentera.

Prólogo y epílogo

(16/07/08)

Faltan 110 días

Para empezar un gran proyecto, hace falta valentía.
Para terminar un gran proyecto, hace falta perseverancia.

Todo buen libro suele estar bien prologado por una firma de prestigio. Sin ir más lejos, el que ahora mismo lees, por el gran Abel Antón. Y tiene un cierre a la altura de lo que se merece. Igual que un buen entrenamiento. Debe empezar y acabar bien. Por eso, una de las cosas más importantes que he aprendido en mi escasa vida como maratoniano, y que debo grabarme a fuego, es la importancia de calentar y estirar bien. Son el antes y el después de cada entrenamiento, tan importantes como éste, para que los músculos estén bien tonificados. Está claro que son mi herramienta, y por eso tengo que mimarlos.

A veces, con las prisas, voy pillado de tiempo y llego casi justo para correr. Pero es fundamental que le abramos un huequecito al calentamiento. Al principio yo era de los zoquetes que también estiraba antes de empezar a correr. Pero me lo desaconsejaron tajantemente, porque en ese momento los músculos están fríos, no se encuentran bien lubricados y puedes provocarte una distensión. Lo mejor en este caso es dedicarle cinco minutos a movilizar articulaciones como tobillos, rodillas y cadera. Y una vez hecho eso empiezo a rodar a un ritmo bajo para ir cogiendo sensaciones.

Si empezar cinco minutos antes ya es complicado, te puedes imaginar el trabajo que cuesta estirar cuando acabas de correr. Terminas fatigado después de hacer muchos kilómetros, y de lo único que tienes ganas es de pegarte una ducha y tumbarte a descansar. Pero eso puede esperar. Ahora es el momento en que los tejidos corporales todavía están calientes y permiten con mayor facilidad reducir la tensión muscular provocada por el entrenamiento. De esta forma, los músculos recuperan su longitud inicial, facilitamos su drenaje y estimulamos una mayor circulación sanguínea. En definitiva, evitamos lesiones. Pero cuidado. Porque estirando también nos podemos lesionar. No debemos hacerlo bruscamente, sino progresivamente y sin rebotes. Todo lo contrario de lo que nos enseñaron en el colegio.

Tomar conciencia de esto será clave en mi entrenamiento. Y sólo me va a llevar 10 minutos más, cinco al principio y cinco al final. Como leer el prólogo y el epílogo de un libro. A partir de ahora no me los saltaré. Porque pueden encerrar la clave de la historia.

Querer ser

(19/07/08)

Faltan 107 días

Si crees en los sueños, ellos se crearán.
Albert Espinosa.

Quizás sea algo aprendido genéticamente, pero está claro que hay aspectos de nuestra conducta que unen hasta al más común de los mortales. Son universales, y no dependen ni de la edad, ni del color de la piel, ni de la cantidad de ceros que iluminan nuestra cuenta bancaria... Me refiero, por ejemplo, a los sueños. Prácticamente desde que disponemos de uso de razón tenemos anhelos que, con el paso del tiempo, se transforman en triunfos o en frustraciones, en función del resultado obtenido. Aunque para mí lo realmente importante no está en el exitoso desenlace de esos deseos, sino en el mero planteamiento. Vamos, que si soñar es gratis, por qué desaprovechar el ofrecimiento. Yo suelo ser de esos que sacan tajada de las ofertas y, si hubiera 2x1 como en el Carrefour, lo cogería. Los sueños lo merecen.

A mí (intuyo que a ti también) me gusta fantasear bastante con el futuro. La tercera pata del ya famoso ripio «quiénes somos, de dónde venimos y a dónde vamos». Este «a dónde vamos» no sólo me preocupa, sino que ocupa, como digo, buena parte de esos sueños. Es el querer ser. De pequeños aspirábamos a ser piratas, astronautas, futbolistas e, incluso, toreros. Nuestros padres, más apegados a la realidad, proyectaban sus deseos en nosotros y querían que fuéramos notarios, médicos o concejales de pueblos con proyección de pelotazo urbanístico. Y conforme íbamos creciendo (lo que no significa que tuviéramos mayor uso de razón) fuimos cambiando al pirata por bedel de Centro de Salud, al astronauta por taxista, al futbolista por reponedor en centro comercial y al torero por periodista. Yo fui de estos últimos. Cambié el capote por el micrófono. Eso sí, ambas son profesiones con muchos cuernos (con perdón de la expresión).

Cumplida esta fase de mi vida en la que he hecho realidad varios de esos sueños, entre ellos el de contador de historias, y como esto es un no parar, a mi catálago de «querer ser» se añade una nueva categoría: hace unos meses me dio por querer ser atleta. Te levantas una mañana y dices: «pues ahora voy a correr una maratón». Bueno, realmente no fue así. Aunque casi. Lo de Nueva York en noviembre fue una especie de viaje iniciático. Ver su maratón, el ambientazo, la gente en las calles, la gente sobre el asfalto. Tantos sueños juntos. Son 35.000 anhelos unidos en una misma ciudad. Yo también quiero ser maratoniano en Nueva York.

Mi primo el de Zumosol

(23/07/08)

Faltan 103 días

Cuando te conoces a ti mismo y a los demás, la victoria no corre peligro; cuando conoces el cielo y la tierra, la victoria es inagotable.

Sun Tzu.

Uno de los especímenes más comunes en los gimnasios es ése al que yo he bautizado como «el primo de zumosol». Le encanta pasearse por la sala de máquinas en camiseta sin mangas, luciendo unos brazos más anchos que mis propios muslos, y suele tatuarse un dragón o algo parecido en su bíceps cuando en el mío apenas cabría una lagartija.

Reconozco que no soy un musculitos, más bien todo lo contrario. No me gustan las pesas, me parecen algo aburrido. Aunque también los «zumosoles» podrían alegar en su defensa que no hay nada más monótono que correr durante horas y horas por una carretera. Les doy toda la razón, y también les cedo mi espacio en el gimnasio.

A partir de ahora, con el primer mes de preparación casi cumplido, me van a empezar a ver poco el pelo por allí, hay que ir reduciendo las visitas al gimnasio. Eso no significa abandonarlo definitivamente. Como mucho, un par de veces a la semana, levantar poco peso y muchas repeticiones, como he hecho hoy. Está claro que las máquinas son un complemento fundamental e imprescindible, pero de forma liviana, para evitar lesiones.

Insisto en que no me gustan, y hasta me escaqueo algunas veces. Pero hay que pasarse por la sala de musculación y fortalecer piernas y tronco. Sobre todo, me han recomendado ejercicios posturales (endureciendo abdominales y lumbares) para mantener erguido el cuerpo durante la carrera y absorver el impacto de nuestros pasos. Y es que estos grupos musculares soportan una gran carga en nuestros entrenamientos y tienen que estar bien tonificados. También las extremidades superiores, ya que con el braceo ganamos un mayor impulso al correr.

Con estos tres simples ejercicios (abdominales, lumbares y brazos) es más que suficiente, me sobra. El resto, lo dejo para los «zumosoles». Yo, mientras tanto, seguiré siendo un tirillas.

Principios físicos de la maratón,

Por Paulino Granero,

preparador físico del CSKA Moscow

Cuando nos proponemos correr una maratón debemos tener en cuenta muchos factores que influyen en esta prueba de larga distancia según el objetivo que persigamos. Ya sea terminar el recorrido y llegar a la meta sin tener en cuenta el tiempo con el que finalice o, por el contrario, competir contra el reloj e intentar cubrir la distancia en el menor tiempo posible.

Para finalizar esta dura carrera hay que estar muy bien preparados, y el día en el que vayamos a realizar la prueba, en el momento que nos encontremos en el punto de salida, todos nuestros sistemas hormonales, metabólicos... deberán haber sufrido un proceso de adaptación, de preparación, que nos permita disponer de plena seguridad y convencimiento que mis sistemas cardiovascular y respiratorio, mis músculos, mis estructuras óseas... serán capaces de mantener y soportar el duro trance de los 42,195 metros.

Para ello, lo primero que debemos hacer es visitar a un especialista en medicina deportiva y que nos haga cuantas pruebas sean necesarias y nos aconseje si realmente nos encontramos en disposición de poder preparar la carrera. En estas pruebas médicas no debería faltar una prueba de esfuerzo en tapiz rodante con análisis de gases o ergoespirometría, una espirometría en reposo, un electrocardiograma, etc.

Una vez que hemos obtenido los resultados de las distintas pruebas, debemos ponernos en las manos de un profesional de la preparación física y, si es especialista en atletismo en pruebas de fondo, mejor ya que será él quien nos diseñe el plan de entrenamiento a seguir. Éste debe cumplir con unos mínimos principios o leyes de entrenamiento, como son el principio de progresión, de continuidad y el de variedad.

El **principio de progresión** nos dice que tenemos que aumentar el esfuerzo progresivamente, conforme va aumentando la capacidad funcional del atleta. Los primeros días realizaremos entrenamientos de baja intensidad y con volúmenes pequeños en cuanto a kilometraje de carrera, con el objetivo de que nuestros sistemas cardiovascular, respiratorio, metabólico y digestivo vayan asimilando la carga de entrenamiento paulatinamente. No es recomendable ni para nada beneficioso empezar a una gran intensidad ni someter a nuestro organismo a un gran volumen, ya que podemos someter a nuestro organismo a un stress muy grande con el consiguiente riesgo de sufrir una lesión. Al igual que debemos empezar paulatinamente, también es importante conocer que mantener una carga de entrenamiento a un nivel determinado durante mucho tiempo, va a provocar que llegado un momento en lugar de que se produzcan mejoras en el organismo del atleta se va a generar un estancamiento en el rendimiento del deportista.

El **principio de continuidad** es de vital importancia, pues las interrupciones en el plan de entrenamiento por abandono, lesión, enfermedad influyen de manera drástica en el descenso del rendimiento del atleta. El correr una maratón requiere de un esfuerzo y sacrificio muy grande, y en algunas ocasiones puede llegar a provocar momentos de incertidumbre a la hora de continuar con el plan de entrenamiento debido a bajadas de la motivación, cansancio físico o fatiga psicológica. La relación entre el tiempo de entrenamiento y el tiempo de descanso para que se produzcan adaptaciones óptimas en nuestros sistemas es de extremada importancia. Excesivo tiempo de descanso con pausas largas pueden provocar efectos de desentrenamiento y, al contrario, descanso muy breves tras entrenamientos intensos pueden provocar efectos de sobreentrenamiento.

El **principio de la variedad** al igual que los anteriores, presta su importancia al hecho de que hay que conseguir entrenar utilizando una gran variedad de ejercicios que permitan una alternancia en los métodos, plan de entreno. Ello conlleva que se apliquen diversos y variados estímulos de entrenamiento aunque en la preparación de esta prueba la cualidad física predominante sea la resistencia y suponga en muchas ocasiones la aplicación de estímulos monótonos.

El profesional que nos ayude a confeccionar el plan de entrenamiento se ajustará a los resultados de la prueba de esfuerzo. Utilizando los parámetros cardiorrespiratorios, de velocidad, de consumo de oxígeno y de lactato, entre otros, podemos conocer a qué velocidad de carrera mi organismo empieza a consumir más CO_2 que O_2 y, por tanto, interviene más el metabolismo anaeróbico que el aeróbico, a qué frecuencia cardíaca debe ir latiendo mi corazón para poder ajustar el ritmo de carrera.

Todo lo que sea entrenar sin conocer la frecuencia cardíaca umbral anaeróbico, la velocidad de umbral anaeróbico, cómo recupera mi organismo postesfuerzo, será entrenar a ciegas, sin orden, sin criterio, con un gran desconocimiento del esfuerzo al que estoy sometiendo a mi organismo y con el consiguiente riesgo para la salud.

Que cien años no es nada

(24/07/08)

Faltan 102 días

Volver... con la frente marchita,
Las nieves del tiempo plantearon mi sien...
Sentir... que es un soplo la vida,
Que veinte años no es nada,
Que febril la mirada, errante en las sombras,
Te busca y te nombra.
Vivir... con el alma aferrada
A un dulce recuerdo
Que lloro otra vez...
Carlos Gardel.

No es casualidad que un 24 de julio de 2008 saque de mi particular gramófono este tango del genial Carlos Gardel, «Volver», aunque con adaptación libre de un servidor. Si el tanguero platense cantaba con su voz grave Patrimonio de la Humanidad «que veinte años no es nada», nosotros podemos afirmar casi por la misma regla de tres que cien años tampoco es una cifra para echarse las manos a la cabeza, teniendo en cuenta el gardeliano concepto del tiempo. Y es que en un día como el de hoy, pero de hace un siglo, un capricho inglés hizo que la maratón tomase la medida con la que actualmente la conocemos: 42 kilómetros 195 metros. Y en estos 100 años apenas ha cambiado el concepto: se trata de correr. Simple y llanamente.

Hasta aquel 24 de julio de 1908 la prueba tenía una distancia aleatoria, aunque siempre en torno a los 40 kilómetros. Eso es lo que recorrieron los atletas en su estreno olímpico, en los Juegos de Atenas'1896. Cuatro años después, en París, la distancia aumentó en 260 metros. En los siguientes Juegos, St. Louis'1904, regresó a los 40 kilómetros pelados, y cuatro años más tarde subió a los 41,860. La distancia oficial se fijaría en los Juegos de Londres'1908 y dijimos antes que fue un capricho inglés porque realmente la distancia se amplió para que los atletas llegaran justo enfrente del palco de la reina Alexandra. Desde el Castillo de Windsor hasta el estadio Sheperd's Bush habían 26 millas, y tuvieron que recorrer 385 yardas más para que la monarca tuviera visión privilegiada de la llegada. Esa distancia, convertida al sistema métrico, nos da como resultado los famosos 42,195. En Juegos posteriores no se respetó la distancia, y no fue hasta París'1924 cuando se recuperó el recorrido «londinense», que se convirtió ya en el definitivo.

De modo que hoy es día de júbilo para todos los que amamos esta especialidad olímpica que se ha convertido en una especie de desafío para nosotros. Cien años (más algunos más de prehistoria) que han dado para crear leyendas, encumbrar nombres y fabricar mitos. Por eso, de manera sucinta, me gustaría hacer un repaso a todos aquellos que merecen un lugar en este pequeño altar.

Empezando por el precursor **Filípides**, el soldado griego que murió como un héroe en el año 490 a. C. tras recorrer la ruta entre la bahía de Marathon y Atenas para gritar Nenikékamen («¡Hemos vencido!») anunciando la victoria de los suyos sobre los persas. Un esfuerzo que le costó la vida. Siguiendo por **Spiridon Louis** el vencedor de la maratón en los primeros Juegos de la era moderna (Atenas'1896). Y continuando con **Dorando Pietri**, un pequeño atleta italiano que llegó en solitario al estadio y, a punto de proclamarse campeón olímpico en Londres 1908, cayó desvanecido. Ayudado, pudo llegar a la meta, pero esta irregularidad le costó la descalificación. Pietri, una vez recuperado, recibió como reconocimiento al día siguiente una copa de plata de manos de la Reina de Inglaterra. Otro de los grandes nombres es el de **Abebe Bikila**, que ganó descalzo la maratón olímpica de Tokio'1960. Su paisano, el también etíope **Haile Gebrselassie**, es el actual plusmarquista mundial, con un tiempo de 2h.03:59, logrado en septiembre de 2008 en la maratón de Berlín. Otro «tiempazo» es el que logró **Abdul Baser Wasiqi** en los Juegos de 1996: 4h.24:17, muy lejos de la marca lograda por Gebrselassie e, incluso, de la de muchos de nosotros. El mérito del único afgano participante en Atlanta fue que, a pesar de correr lesionado, nunca quiso abandonar.

Las mujeres también tienen su lugar en este particular devocionario. Durante largo tiempo no se las permitió competir, bajo la creencia de que no tenían suficiente resistencia física. Por eso, durante algunos años hubo algunas que se escondían en la salida para no ser reconocidas y poder participar junto al resto de hombres. Así, hasta que llegó la primera maratón femenina olímpica de la historia, en Los Angeles'1984. Ese día **Gabrielle Andersen Scheiss** se convirtió en heroína al llegar al estadio y dar la última vuelta totalmente colapsada. Tardó casi seis minutos y tuvo que ser acompañada por un cuerpo médico que la atendió tras derrumbarse en la meta. Pero llegó. Mucho antes había cruzado la meta la ganadora, Joan Benoit. Actualmente, el récord del mundo femenino lo tiene la británica **Paula Radcliffe** con un tiempo de 2h15:25.

Estoy seguro de que mi nombre nunca figurará en la relación de los grandes maratonianos de la historia. Pero sí estará en la lista de aquellos que, como tú, creyó en sí mismo para plantearse este desafío y luchó para conseguirlo. Y sentiremos ese soplo de vida del que hablaba Carlos Gardel.

Mi iPod

(25/07/08)

Faltan 101 días

La música es para el alma lo que la gimnasia para el cuerpo.
Platón.

Si hay algo a lo que estoy sintiendo apego durante esta bendita locura que es preparar la Maratón de Nueva York, es a mi i-pod. Nada ni nadie ha sido tan fiel como él. Cambias de ropa después de cada jornada, las zapatillas con las que entrenas no tienen una vida demasiado larga y llegará un momento en que las tenga que cambiar, tampoco los que corren contigo lo hacen diariamente… Pero el que siempre está ahí, apoyándome, animándome, amenizándome los entrenamientos, ha sido ese minúsculo aparatito naranja pero que ha significado mucho para mí.

La música forma parte de nuestra existencia, en mayor o menor medida. Todos hemos tenido una canción que nos ha recordado a algo o a alguien. Es la banda sonora de nuestra vida, que te acompaña en momentos especiales. Podríamos enumerar una lista infinita, y nos faltaría espacio.

Yo tengo mi i-pod cargado de esas canciones. Las utilizo porque me permiten dejar volar mi imaginación mientras corro, viajar hacia atrás en mi vida y volver a saborear esos momentos, esos instantes que quedan detenidos en el tiempo gracias a la música. No debemos olvidarnos que somos lo que fuimos, que nunca debemos olvidar de dónde venimos. Y escuchando esos temas se te vienen a la cabeza imágenes imborrables.

A mí también me vienen bien como fuente de motivación. Prueba a ponerte el «Born to Run» de Bruce Springsteen, el «We are the champions» de Queen o el «The Best» de Tina Turner y verás el subidón que te da. Ese impulso es el que reciben los jugadores de la NBA cuando llegan a los pabellones con sus grandes auriculares (una moda que se va exportando poco a poco a España). Incluso hay canciones que llegan a convertirse en todo un himno que comparten los miembros de una plantilla, que les hace sentirse más unidos y que, incluso, cantan en el vestuario justo antes de los partidos.

Por eso no es mala opción, si corres solo, hacerte con uno de estos reproductores y cargarlo hasta arriba de música. Yo me he hecho un tracklist con canciones que me dan mucho ánimo y me ayudan a pasar mejor el rato. Lo mismo hizo la ganadora de una maratón en Wisconsin, Jennifer Goebel. Pero los jueces le quitaron la victoria por considerar que la música había sido una ayuda a su esfuerzo.

En nuestro caso no nos debe generar tantos problemas. Más bien lo contrario. Tanto me evado que a veces me sorprendo a mí mismo tarareando alguna mientras voy corriendo. No es mala señal si a ti también te pasa. Eso significa que la música cumple su misión: estás disfrutando y tus pulmones tienen suficiente oxígeno para permitirte cantar. Sólo una advertencia: no lo hagas demasiado alto, por si llueve.

AGOSTO

Mi barrio

(01/08/08)

Faltan 93 días

Estamos hechos de la misma materia que los sueños.
William Shakespeare.

Vivo en una zona residencial, apenas a tres kilómetros de Sevilla y muy cerca de mi trabajo. Ajeno al mundanal ruido de la gran ciudad, al tráfico y sus atascos y al frenético ritmo que impone. Un lugar ideal para la tranquilidad y, cómo no, para el entrenamiento. Junto a mi casa he encontrado tres circuitos para alternar y evitar así el tedio y la monotonía de ir siempre por el mismo camino. Además, cada uno de ellos me aporta cosas distintas, algo muy recomendable una vez que hemos cubierto el primer mes de entrenamiento. Uno, el de tierra a la orilla del Río Guadalquivir, me permite disfrutar del paisaje y evito el tan dañino asfalto para mis rodillas. Otro es el que yo llamo «los cuatro pueblos», porque discurre entre Camas, Tomares, San Juan de Aznalfarache y Mairena del Aljarafe. Localidades todas ellas pegadas entre sí, y en una especie de colina, que me permiten entrenar las cuestas. Y el más habitual es una carretera poco transitada que rodea mi urbanización. Son cuatro kilómetros y medio a los que suelo dar dos vueltas.

Después de un mes entrenando, he de reconocer que me conozco este circuito metro a metro, palmo a palmo. Hay días que me siento casi un jubilado, porque me gusta observar las obras por las que paso, comprobar su evolución, hablar con la gente con la que me cruzo… Pero es una experiencia gratificante el conocer con mayor profundidad tu entorno. Hasta ahora apenas había tenido esa oportunidad, porque mi vida transcurría en el coche. De casa al trabajo, o de casa a Sevilla. Pero siempre sobre cuatro ruedas. Ahora correr me ha acercado a mi barrio, a la gente que vive aquí.

Dulce condena

(03/08/08)

Faltan 91 días

Vencer sin peligro es ganar sin gloria.
Séneca.

Hay sensaciones producidas por una mezcla de dolor y placer, repartidos ambos de manera equitativa y proporcionada, pero que nos provocan un gozo aún mayor, quizás por lo antagónicos que son. El alcohol cuando supura la herida, la sal al contacto con una llaga, una larga espera para reencontrarte con alguien que merece la pena… En definitiva una dulce condena cuyo efecto es placentero.

A mí me va la marcha, lo reconozco. Me gusta auto flagelarme, y lo de hoy es la prueba definitiva. Como cada domingo, según la planificación habitual, toca día de descanso. Pero me merecía un castigo, después de un fin de semana de excesos y de no haber cumplido con el plan semanal. Y es que el miércoles me salté el entrenamiento, y había que recuperarlo. Podría parecer una penitencia, pero ha sido una dulce condena, después de comprobar las sensaciones.

El entrenamiento de hoy ha servido para saborear los momentos vividos estos dos días con mis amigos, los de toda la vida, los de verdad. Hemos sido cuatro sonrisas andantes, disfrutando de nuestra poco frecuente compañía, porque cada uno de nosotros estamos esparcidos por una punta del mapa. Que si uno en Granada, otro en Huelva, otro en Madrid y un servidor en Sevilla. Pero cuando nos juntamos lo hacemos con ganas y parece como si el tiempo no deteriorara nuestra relación. Es honesta, verdadera, limpia. Como cuando teníamos 15 años. Seguimos disfrutando prácticamente de las mismas cosas y, aunque hayan pasado ya tantos años, continuamos siendo aquellos niños que se reían con cualquier tontería. Así que durante 40 minutos he podido revivir estas 48 horas. Y darme cuenta de lo sana e importante que es la amistad.

Nunca tires la toalla

Por Joan Plaza, soñador, entrenador de baloncesto y campeón Liga ACB 2006/07

Muchas noches de insomnio, de dudas, de introspección por saber si no me estaba equivocando. Creía tener los deberes hechos, había seguido las pautas que creía debían prevalecer en toda persona que quisiera conseguir un objetivo como el mío. Una progresión paulatina, una formación que fundiera experiencia de campo y clínics o cursos que me enriquecieran.

Empecé con apenas 14 años a ejercer de entrenador, casi de forma autodidacta y tan sólo con el conocimiento que mis tempranos años como jugador me había proporcionado. Mis conejillos de indias fueron unos alumnos de la escuela donde empecé mis estudios y un colegio de monjas cercano que buscaban a alguien desesperadamente. Ese primer año logré, al margen de competir por las finales de los campeonatos que disputábamos, percibir una cierta capacidad para dirigir grupos en pos de un objetivo. Así continué, alternando más y mayores equipos, junto a los distintos niveles docentes que se requerían para ejercer esta... vocación. El Instituto, el Servicio Militar, una familia numerosa y el deseo de emanciparme algún día se solapaban a mis deseos. Tras llevar más de 10 años ganando muchos de los títulos en juego y de hacerlo en la mayoría de categorías y a menudo frente a poderosas entidades, me replanteé la opción de volver atrás.

Muchos jugadores que habían pasado por mis manos, los absorbían clubes más poderosos (Joventut y Barcelona), hasta que un responsable de uno de estos clubes me brindó la oportunidad de unirme a ellos, como entrenador ayudante y sin cobrar. Di ese paso y durante tres años estuve de ayudante de Miquel Nolis, compitiendo al máximo nivel estatal. Tras lo cual, volví a ejercer de entrenador jefe en categorías cadete, junior y senior (LEB y EBA), con notables buenos resultados... pero sin ser profesional y alternando mi ferviente vocación, con mi trabajo como Funcionario de Instituciones Penitenciarias durante 14 años.

¿Qué más podía hacer yo para obtener una oportunidad? Mi disponibilidad a perder dinero (había renunciado a cursos como funcionario que supondrían un mayor rango y sueldo), a cobrar una miseria o tener que irme donde fuera, estaba sobre la mesa. Muchos otros entrenadores más noveles estaban disfrutando ya del privilegio de ser profesionales en ACB o LEB. ¿Por qué yo no? ¿Qué hacía mal? ¿Dónde fallaba? ¿En que debía mejorar? Mi aspecto, mi simpatía, mi franqueza... me lo planteaba todo. La toalla estaba a punto de caer...

Pero la perseverancia y la fe en mí mismo acabó generándome la oportunidad por la que tanto trabajé e invertí profesional pero, sobre todo, personalmente. Me ofrecieron ser entrenador ayudante del Joventut de Badalona (Izquierdo, Comas, Aíto). Aprendí muchísimo y aporté mi granito a la mejora paulatina del equipo. Pero aún faltaban más obstáculos por pasar. Tras seis años, me ofrecieron volver atrás, cogiendo el equipo vinculado (que ya había dirigido anteriormente) y cobrando lo mismo, cuando apareció una oferta del Real Madrid (Maljkovic) para ejercer de entrenador ayudante pero que me obligaba a tener un menor salario y a dejar mi casa. No lo dudé, la apuesta estaba echada. Un año tan rico como complejo, acabó de perfilar mi propia filosofía como entrenador. 29 años después, estaba definitivamente preparado para encabezar cualquier proyecto.

Mientras el Real Madrid buscaba a un nuevo entrenador de prestigio, yo me entrevisté con un par de equipos de LEB. Estaba muy bien en la capital, pero mi momento había llegado, fuera en Segunda División, en Francia o incluso en Beirut (donde llegó a plantearse una opción). Colaboré en la búsqueda de ese entrenador de primer nivel que requería el equipo blanco, pero llegado el momento de firmar como entrenador ayudante de, no se sabía quien… renuncié en pos de dirigir un equipo como entrenador jefe. La sorpresa fue extraordinaria, pues difícilmente nadie renuncia a un cargo de ese nivel. El interés por mi persona, las dudas del club gallego que mayor deseo tenía por mi incorporación y un par de vueltas andando al Bernabéu, me hicieron desistir, y por tanto, prolongaba mi relación como segundo entrenador del Real Madrid.

El destino y la renuncia de los mejores entrenadores que disponía el mercado europeo, permitió vivir uno de los días más felices de mi vida. Estaba en Irlanda, cuando la voz de un directivo que jamás olvidaré, me ofrecía encabezar el proyecto de la Sección de Baloncesto del Real Madrid (a mi cabeza vinieron los nombres de Ferrándiz, Lolo, Obradovic, Scariolo…). Cayeron lágrimas, fotografié mis pies y mi voz entrecortada quería dar las gracias a cuantos, hasta ese momento, me habían ayudado. Sabía que podía ser algo pasajero, un parche hasta la llegada de ese entrenador de campanillas, no tendría muchas oportunidades más de ese calibre en mi vida. La ilusión, la preparación y la complicidad de mis jugadores, de mis ayudantes, del público y de la prensa, permitieron crear una química, que nos llevó a batir varios records, a ganar títulos que nunca antes había ganado la entidad…, pero, sobre todo, a desprender emociones, a llenar Vistalegre con 15.000 personas y a demostrar nuestro grado de compromiso en cada partido, en cada entreno. Y hacerlo, sin aspavientos y con tanta humildad como ambición.

Tras cuatro años en la entidad blanca, me acogió Sevilla, donde espero aportar, contagiar y transmitir mi idea del baloncesto, mi idea de equipo, mi idea del deporte. Un lugar donde intentaré dejar el rastro que dejé en Madrid y donde hace poca semanas, 10.000 personas se pusieron de acuerdo para agradecer mi paso por allí y a la vez, compensar todos aquellos años de sinsabores en que los miedos, las dudas y mi propia inseguridad, me hicieron estar muy cerca de abandonar.

Tocar madera

(04/08/08)

Faltan 90 días

When you believe in things	*Cuando crees en cosas*
That you don't understand,	*que no entiendes,*
Then you suffer,	*entonces sufres,*
Superstition aint the way	*la superstición no es el camino*

Stevie Wonder (*Superstition*).

Alardeo de conocerme bastante bien. Una relación de tantos años conmigo mismo me permite hacer gala no sólo de mis virtudes, sino también de los defectos (que no son pocos). El último mes he ahondado en ese vínculo unipersonal, gracias al entrenamiento. Estar a solas es un ejercicio que no practico habitualmente, y que me está reportando grandes beneficios. Porque me permite bucear más en mi interior, saber quién soy.

En realidad, estoy hablando del viejo aforismo griego «conócete a ti mismo» (nosci seautón). No me voy a poner a hablar de filosofía, pero sí de lo que me está aportando salir a correr para encontrarme con el «yo» del que apenas tenía noticias. En ese auto-psicoanálisis que me hago diariamente el diagnóstico es el siguiente: he descubierto en mí una gran capacidad de superación y un marcado carácter idealista. Dos virtudes que se resumen en el «Sísepuede!» que encabeza este libro. Pero también me he topado con una persona lastrada por ciertas inseguridades. Algo que se refleja en una conducta que raya en el neurótico cascarrabias que interpreta Jack Nicholson en «Mejor… imposible».

Si piensas en el Melvin de la película, prácticamente te toparás conmigo: siempre me levanto con el pie derecho, recito en mi interior el «a por ellos!» cuando salgo de la cama, trato de tocar madera, no me gusta que el rollo de papel higiénico esté puesto del revés, intento evitar el número que va detrás del 12 y antes que el 14... Y una larga lista que no terminaré de enumerar para que no te asustes por mis excentricidades.

No soy el único. Si echas un vistazo a los deportistas, te encontrarás supersticiosos allá donde mires: los que saltan a una cancha de baloncesto siempre con agua en la boca, los que no pueden chocar a un compañero con la mano derecha durante la presentación del equipo, el futbolista que sale al césped dando tres saltos, los que no tocan la copa antes de una final por miedo a perderla o el jugador de golf que siempre recita las mismas palabras a la hora de golpear la pelota. Son conductas a las que los expertos llaman «reforzadores psicológicos» y que no hacen otra cosa que aumentar la confianza y seguridad del deportista. Están destinadas a mantener su concentración.

El deportista maniático por antonomasia es Rafa Nadal: la ducha antes del partido, la botella con la etiqueta en perpendicular a la pista o no pisar las líneas entre cada punto son algunas de sus obsesiones. En ese sentido, me siento muy identificado con mi tocayo: cuando salgo a correr siempre me ato primero la zapatilla derecha, y el primer paso que doy al empezar el entrenamiento es con ese pie. Y también el último cuando termino. Son pautas casi obsesivas, con las que me siento más seguro. Pero que me atan. A veces me gustaría desprenderme de ellas, sentirme libre sin necesidad de seguir todo este ceremonial. Pero así es el Rafa Vega al que he conocido más en profundidad el último mes. Con sus cosas malas, pero también con sus cosas buenas.

La quinta velocidad

(06/08/08)

Faltan 88 días

¿Por qué habría de entrenar corriendo a ritmo lento?
Ya sé correr a ritmo lento, debo aprender a correr a ritmo rápido.
Emil Zatopek.

Una vez que coges velocidad de crucero, toca meter la quinta marcha y pisar el acelerador, que ruja bien fuerte el motor. Agárrense, porque vienen curvas. Después de un mes trabajando la resistencia, con tiradas más o menos de la misma distancia y a un ritmo similar, el cuerpo ya me iba pidiendo marcha, generar más testosterona. Además, haciendo todos los días el mismo trabajo corres el riesgo de caer en la monotonía. Por eso, todos los planes de entrenamiento incluyen ejercicios de velocidad, uno de los mejores métodos para mejorar el rendimiento y la forma. Además, aportan variedad, para combatir el aburrimiento. Porque puedes ir intercalando periódicamente series, intervalos, cuestas o un compendio de todas ellas (el durísimo fartlek).

Después de esquivar las series varios días, hoy ya era inevitable. Quizás el miedo a lo desconocido, o cierta pereza ante la exigencia de este ejercicio, el caso es que las he afrontado una semana después de lo que tenía previsto. Pero termino satisfecho por esta nueva experiencia en mi preparación. Los expertos las recomiendan para mejorar la potencia aeróbica, ya que el corazón bombea más sangre a los músculos y los productos de desecho (el lactato, principalmente) son retirados antes de esos músculos.

A mayor demanda de oxígeno, la eficacia cardiovascular aumenta para futuros entrenamientos.

Con estos beneficios en la cabeza, me he empleado a fondo en la pista. Un calentamiento de unos 15 minutos, y a volar. En quinta velocidad durante media hora, con pequeños intervalos para descansar. Eso sí, correr a un ritmo tan alto no te deja ni hablar con tus compañeros de entrenamiento, con lo que a mí me gusta darle al pico. Mi amigo Ángel sostiene la curiosa teoría de que si vas rodando y, a la vez, puedes mantener una conversación, es que te sientes cómodo. Pues hoy puedo asegurar que no he podido articular palabra, porque en cada una de las series he ido aproximadamente 30 segundos más rápido que mi ritmo habitual para la maratón, a seis minutos el kilómetro.

Repetir estos ejercicios de velocidad una vez a la semana me permitirá mantener el ritmo durante una distancia más larga y, además, aumentaré la resistencia. Así que, como dicen los atletas anglosajones: «be fast or be last» (sé rápido o sé el último).

Mi Central Park particular

(07/08/08)

Faltan 87 días

El hombre que no tiene imaginación no tiene alas.
Muhammad Ali.

Después de cinco semanas de preparación, ya tenía un poco trillados los caminos que hay cerca de mi casa, y necesitaba cambiar de aires. Así que he hecho caso a mi hermano Antonio de la Torre y he aceptado su sugerencia: probar en el Parque del Alamillo. Mucha vegetación, caminos de tierra, diversos circuitos y mucha gente. Razones suficientes para coger el coche y dejar por unos días los entrenamientos cerca de casa.

Es la primera vez que corro por un parque, y creo tener la misma sensación que si lo hiciera por Central Park. Ya me veo allí, a pocos días de la maratón, quemando los últimos días de entrenamiento. Por eso, el venir hasta aquí hoy me ha dado un plus añadido de motivación. Me ha permitido visualizarme alcanzando el objetivo. Así que creo que voy a repetir los próximos días. Éste va a ser hasta octubre «mi Central Park particular».

En la primera vuelta que le das al Alamillo te das cuenta de que es un lugar ideal para correr. Los naranjos te cobijan del riguroso sol de agosto, hay fuentes estratégicamente repartidas para combatir con agua el fatigante calor, numerosos caminos a modo de laberinto para no caer en los mismos recorridos rutinarios y poder ir cambiándolos cada día... Por eso, no es de extrañar que en los apenas 50 minutos de toma de contacto con mi nuevo centro de operaciones me haya topado con un buen puñado de runners.

Cada uno con su historia, con su preparación, con sus sueños. Igual que me ocurre en los aeropuertos con la gente que viaja, me pasa con los corredores. Me gustaría estar en su cabeza y saber algo más de ellos: hacia dónde van, de dónde vienen, qué les espera…

Pero no sólo de atletas vive el parque. Una ciudad dentro de la gran ciudad, con gente tan diversa: la pareja de jubilados que hace su caminata diaria para seguir sintiéndose jóvenes, el padre que aplaude las primeras pedaladas en bicicleta de su hijo, los novios que buscan un escondite para besarse furtivamente sin que nadie les vea, el skater que intenta el más difícil todavía, la pandilla reunida en torno a un improvisado picnic… Todos ellos han encontrado en este parque el lugar en el que cumplir sus deseos. Yo también. Aunque falten tres meses, me siento ya como si estuviera en Central Park.

No huyo, corro!

Por Antonio de la Torre, Goya al mejor actor de reparto'07, corredor y mi hermano

Acabo de venir de correr. Hace ya mucho tiempo que lo hago. Quizás llevo haciéndolo toda la vida. Ya no me acuerdo bien. Para mí fue como un impulso, una necesidad desde que gané mi primera carrera en mi barrio no siendo siquiera un adolescente. Mi padre se empeñó en que fuera un corredor, tal vez se empeñaba en que fuera el número uno en algo. Yo entonces corría pensando en darme a conocer al mundo que me rodeaba. Ahora corro pensando en conocerme a mí mismo. En realidad nunca dejé de hacerlo.

Hubo una época entre los 20 y los 30 años que me consideraba más eterno que nunca, quizás por eso dejé de correr. Bueno, en realidad sí lo hacía, pero no del modo deportivo al que me refiero: huía. En general soy bastante disperso. He tenido muchas curiosidades, también por varios deportes. Al final he seguido corriendo, sólo. Correr se ha convertido en lo único practicable en mi vida, la que he elegido. Ahora no huyo, corro. Este deporte me permite dominar mi voluntad, con frecuencia huidiza y sometida al pliegue de vicios y compulsiones.

Correr y dejar de hacerlo me ha servido para domesticar mi cuerpo en el último año para poder rodar «Gordos». Una película que me transformó en otro. Corrí la primera media maratón de mi vida. Cuatro días después paré de correr, gané 30 kilos, comí sin parar, paré de comer, volví a correr, volví a perder 30 kilos, volví a correr la misma prueba y bajé un minuto. Ciclo vital completado.

La superación existe: no se trata de una marca, no se trata de ser el mejor. Tan sólo se trata de vivir, cuidarte, conocerte, ser valiente, acertar, equivocarte, esforzarte, asumirte, comprenderte, alimentarte, serenarte... y, en mi caso, también correr.

No hay nada como una buena ducha

(11/08/08)

Faltan 83 días

La recompensa del trabajo bien hecho es la oportunidad de hacer más trabajo bien hecho.
Jonas Edward Salk.

Muchas veces entreno sólo por la ducha de después. Es uno de los grandes placeres que he descubierto. Un premio a corto plazo, casi instantáneo. Abrir el grifo y sentir el agua correr tiene algo de purificador. Terminas de expulsar los elementos nocivos y acabas limpio. De cuerpo y de espíritu. Un instante que yo aprovecho para dejar la mente en blanco y pensar únicamente en el sonido de las gotas golpeando mi cuerpo. Me relajo, termino de hacer mis estiramientos y salgo como nuevo.

Depende del momento del día, esa ducha te aporta cosas distintas. Si sales a correr por la mañana temprano te recarga las pilas. Y si lo haces tras una intensa jornada laboral, te las descarga. Es como si encendieras el botón on/off de tu cuerpo. Yo soy más de la ducha mañanera. La que te abre los pulmones. Si eres capaz de aguantar ahí debajo conforme vas girando el grifo y el agua se va poniendo cada vez más fría, estás preparado para la batalla. Tu circulación se activa, los músculos se oxigenan y se disminuye el calor residual después de un entrenamiento en el que se eleva la temperatura del cuerpo.

A pesar de esos beneficiosos efectos matutinos, la ducha de hoy ha sido de tarde. Ayer me acosté bien entrada la noche por los preparativos del inminente viaje a Pekín y esta mañana no tenía fuerzas para levantarme temprano. Así que hasta después de trabajar no me he calzado las zapatillas. Intuyo que va a ser uno de los pocos entrenamientos de la semana. Quedan todavía cosas por hacer antes de volar a China. Entre eso, el avión, el jet lag… Me preocupa no disponer del tiempo suficiente para correr, saber si estos días perdidos se podrán recuperar después o ya los he tirado a la basura. Pero, sobre todo, lo que más echas de menos el día que no entrenas es la ducha de después.

Arriba. Paco Garzón ha sido uno de mis grandes aliados en esta aventura. Aquí y en Pekín.

Abajo. Ellos van en bici a todas partes. Nosotros preferimos ir corriendo.

Página Izquierda. En la Gran Muralla china matando dos pájaros de un tiro: hacer turismo y correr.
Página Derecha Arriba. Curiosa (e incómoda) manera que tienen los chinos de sentarse.
Página Derecha Abajo. Compartiendo entrenamientos con un grande, Paquillo Fernández.

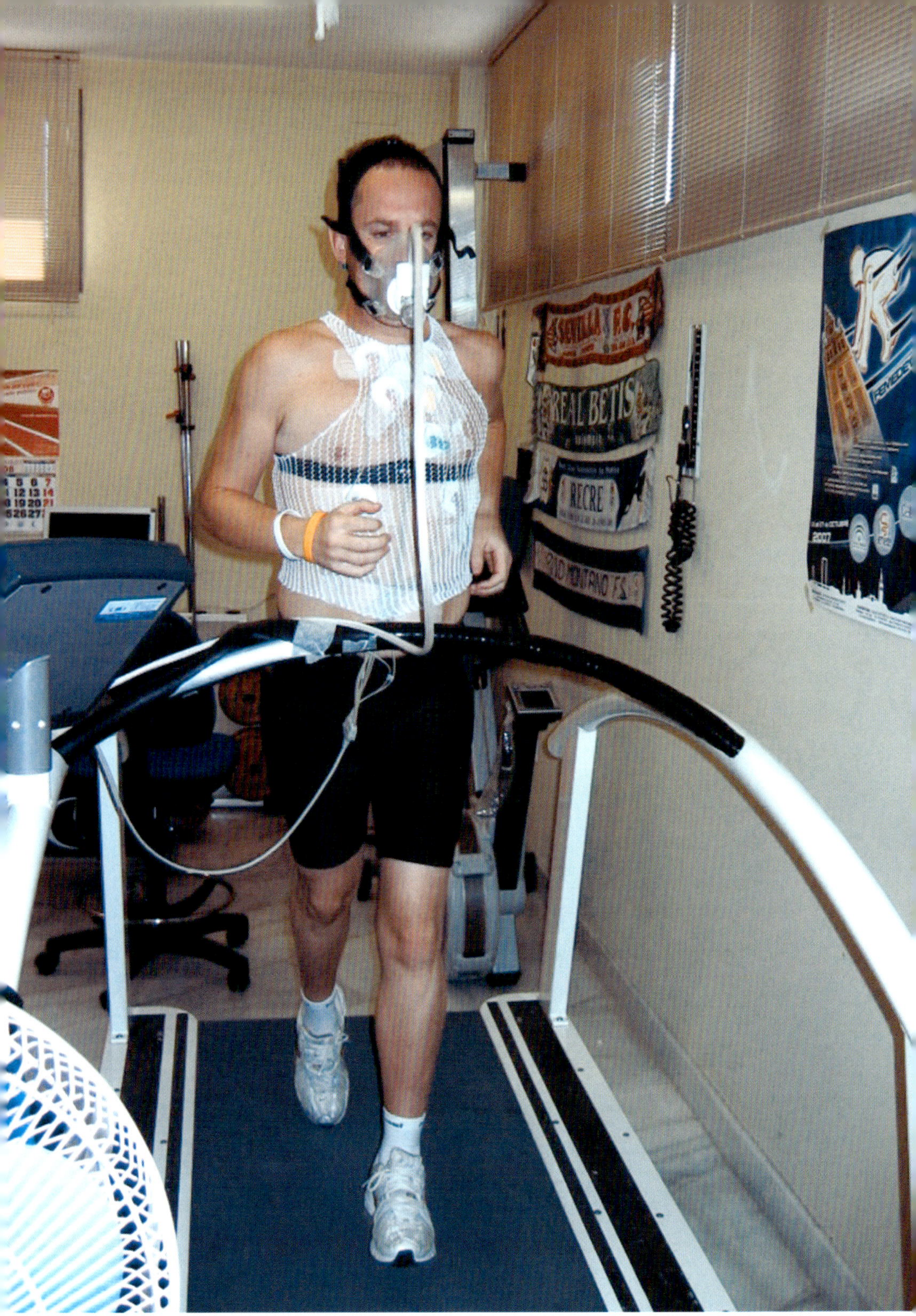

Página Izquierda. El día de la prueba de esfuerzo me sentía el protagonista de una *peli* de ciencia ficción.
Página Derecha. Los resultados de la prueba de esfuerzo confirmaron que íbamos por el buen camino.

UNIDAD DE FISIOLOGÍA DEL EJERCICIO

DETERMINACIÓN DE UMBRAL ANAERÓBICO

Deportista : Vega Jimémez, Rafael

Fecha : 8-sep-08

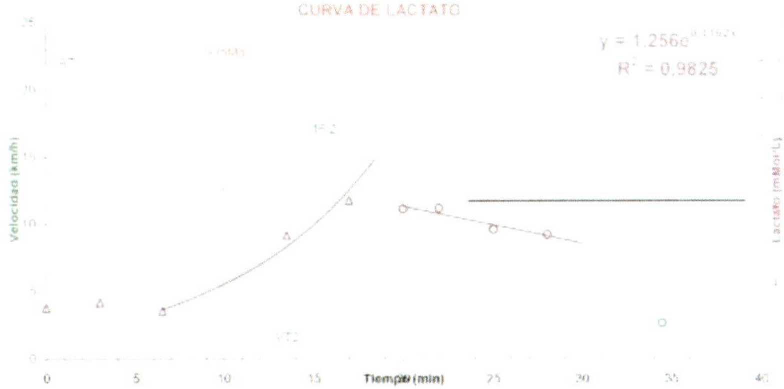

	Vel. (Km/h)	Lactato	Frec. Card. (l.p.m.)	VO2max
UMBRAL DE 4 Mm	12,6	4	145	
UMBRAL INDIVIDUAL				
UMBRAL VENTILATORIO	16,2	6,0	182	41,4
VALORES MÁXIMOS	16,2	8,5	187,0	42,3

Pronóstico : **3:21:11**

INDICADORES APLICABLES AL ENTRENAMIENTO:

Calentamiento:	A menos de	116		
Continuo extensivo:	Desde	117	hasta	164
Continuo intensivo:	Desde	165	hasta	177
Interválico extensivo:	Desde	178	hasta	187
Interválico intensivo:	A partir de	188		

INFORME FINAL

El consumo máximo de oxigeno ha sido 42,3 kms/h

No han aparecido anomalías clínicas reseñables durante la prueba.

Respuestra electrocardiográfica sin alteraciones durante la prueba.

Glorieta Beatriz Manchón. Isla de la Cartuja, s/n (C.A.R.) 41092 Sevilla
Telef. 955 06 20 25. Fax 955 06 20 3?

Página Izquierda. Una visita a Peter Pan en el Hyde Park de Londres.
Página Derecha Arriba. Nada mejor que correr con amigos. Johnny y su familia fueron unos perfectos anfitriones en Worthing.
Página Derecha Abajo. El dorsal de mi primera media maratón.

vodafone
304
Cruzcampo
Cruzcampo

Cruzcampo
vodafone
304
Cruzcampo
517
Deportes
dalucía
JUNTA DE ANDALUCIA

ING NEW YORK CITY MARATHON 2008

ING NEW YORK CITY MARATHON
PREMIER EVENT OF NEW YORK ROAD RUNNERS

ID APPROVED

311381
RAFAEL ANDRES VEGA JIMENEZ
URB. VEGA DEL REY, C/POBLADORES 10 ESC 1 4 J
CAMAS SEVILLA 41900
SPAIN

Congratulations! You're in for the experience of a lifetime, the ING New York City Marathon 2008! We are thrilled that you will be joining us on Sunday November 2.

We're here to help with all steps of your journey, from training to gear to travel to ensuring that you have a spectacular race-day experience. Everything you need to know is at your fingertips, both here in this book and on our official website, www.ingnycmarathon.org

Enjoy your preparations. The buildup to race day is part of the overall satisfaction you gain by aiming to run the ING New York City Marathon. We look forward to seeing you in November!

Sincerely,

Mary Wittenberg
President and CEO, New York Road Runners
Race Director, ING New York City Marathon

Página Izquierda Arriba. Las sensaciones en Almodóvar fueron muy buenas.

Página Izquierda Abajo. Cuando llegas a la meta es como si te sintieses campeón del mundo.

Página Derecha Arriba. Ya no hay marcha atrás: admitido para correr la Maratón de NY.

Página Derecha Abajo. En la consulta del doctor Juan de Dios Beas.

JUNTA DE ANDALUCIA

INFORME ASISTENCIA MÉDICA

PACIENTE: D. Rafael Vega Jiménez

Número de Historia: 03497

Deporte: Atletismo (Maratón)

Fecha: 13-10-2008

Antecedentes: sin interés. No alergias medicamentosas conocidas.

Motivo de la Consulta:

Acude por presentar desde hace unas tres semanas molestias en el aductor izquierdo, lo achaca a que se hizo daño en un partido de pádel, pero sin sensación de pinchazo y sí de sobrecarga en la zona.

Exploración:
Aumento del tono muscular del aductor mayor y menor izquierdos, dolor a nivel de la unión músculo-tendinosa del aductor menor. Anillo inguinal ligeramente doloroso.

Exploraciones Complementarias:

Ecografía: sin hallazgos valorables. Anillo inguinal permeable sin evidencia de hernia inguinal.

Diagnóstico:

Sobrecarga muscular aductor izquierdo

Tratamiento:

- Médico: Myolastan comp 1/24h antes de acostarse durante 10 días. Ibuprofeno 600 mg, tomar un comprimido 20' antes del ejercicio.
- Fisioterapéutico: masoterapia de descarga.
- Indicaciones Entrenamiento: aumentar los ejercicios de estiramiento. Realizar ejercicios de potenciación de la musculatura abdominal. Carrera continua según tolerancia.

JUNTA DE ANDALUCIA
Centro Andaluz de Medicina del Deporte
SEVILLA

Fdo. Dr. Juan de Dios Beas Jiménez
Especialista en Medicina de la Educación Física y el Deporte
Especialista Universitario en Traumatología del Deporte

Página Izquierda. Los resultados de la ecografía confirmaron mis peores temores.
Página Derecha Arriba. Los tres mosqueteros (Ángel Gámiz, Paquillo y un servidor) recién llegados a NY.
Página Derecha Abajo. Rodando con Paquillo por Central Park.

K CITY MARATHON
WORLD MARATHON MAJORS
asics
ING NEW YORK
Continental Airlines
THE RUDIN FAMILY
finish
finish
hummel
LOS TROTA NOCHES Guadix
asociacion deportiva
"la Caixa"
manhattan
bronx

Andalucía
Andalucía

Página Izquierda Arriba. Un Trotanoches en la meta de la maratón.
Página Izquierda Abajo. Toda la expedición en el stand andaluz de la Feria del Corredor.
Página Derecha. Una gran verdad: «Lo que no te mata te hace un corredor».

Arriba. Jugamos al 15.255.

Abajo. Escuchando los consejos de un grande como Abel Antón.

Arriba. Un día antes de la Maratón es la Carrera de la Amistad.
Abajo. Flanqueado por Paco Pérez Moreno (Consejero Delegado de Deporte Andaluz) y por el Fandi (torero).

Arriba. Presumiendo de andaluz en la Gran Manzana.
Abajo. Llenando el depósito en la Cena de la pasta.

Arriba. Lógicos nervios antes de la carrera.

Abajo. La zona de salida más bien parece un campo de concentración.

Arriba. Estos camiones nos esperarán en la línea de meta con nuestras bolsas.
Abajo. Un ilustre como Lance Armstrong, en la línea de salida.

Arriba. *Are you ready to run?* Se nota la ansiedad por salir en los rostros de la gente.

Abajo. Vista aérea del Puente de Verrazano. Una gran organización consigue que 40.000 corredores salgamos de manera ordenada.

Página Izquierda. En los primeros kilómetros cada uno de los grupos toma un camino diferente, hasta que en el ocho nos volvemos a juntar.

Página Derecha Arriba. Cruzando de Staten Island a Brooklyn.

Página Derecha Abajo. Las primeras sensaciones de la Maratón son buenas.

Página Izquierda. ¡Todo va bien!
Página Derecha. Parecemos hormiguitas.

Página Izquierda. Es fundamental la hidratación. De que no la olvidemos se encargan los cientos de voluntarios.

Página Derecha. La ganadora, Paula Radcliffe, llegó casi dos horas antes que nosotros.

ING
PAUL
ING NEW YORK CITY MARATHON

hummel
ING
15255
hummel

Página Izquierda. Controlando el tiempo y las pulsaciones.

Página Derecha. Compartiendo sensaciones con Diego, mi compañero de fatigas.

Página Izquierda. Hay que inmortalizar el momento.

Página Derecha. El sueño se hace realidad. ¡Sísepuede!

3:55·19
TIMEX
ING NEW YORK CITY MARATHON
NEW YORK ROAD RUNNERS
ING
NEW YORK CITY MARATHON
City of New York Parks & Recreation
15255 C
31879 A
12719 D
FRANCE
GO GOODY
CHILDREN with LEUKAEMIA
SHARON
13153 E
CORINNE

Página Izquierda. El dolor es temporal. El orgullo, para siempre.
Página Derecha Arriba. Un partido de la NBA en el Madison Square Garden es una merecida recompensa.
Página Derecha Abajo. Al día siguiente de la Maratón *The NY Times* saca un suplemento con el tiempo de cada uno de los participantes.

MERCHANDISE AT THE OFFICIAL KNICKS TEAM

3:55:00

Volviendo a ser niño. En el mismo piano de la famosa escena de *Big* protagonizada por Tom Hanks.

Noviembre de 1992, Little Rock, Arkansas, Estados Unidos

Por Roberto Sánchez Benítez,
Maratoniano y presentador del programa «Salud al día» de Canal Sur TV

¿Saben qué fue lo primero que hizo Bill Clinton horas después de ganar sus primeras elecciones como presidente de los Estados Unidos? Correr, como cada mañana, por su barrio… Yo estaba allí y lo conté como enviado especial de Canal Sur, Telemadrid y otras televisiones autonómicas.

Unos meses más tarde, en una cumbre entre Felipe González y Helmut Kohl en Alemania, comprobé que el único corresponsal que no se llevó un disgusto cuando falló el satélite para mandar nuestras crónicas era un compañero de televisión llamado Juliá, que me respondió: «cómo me voy a enfadar por esto si corro maratones…». No lo entendí. A la mañana siguiente volví a verle entrenando por las calles de Bonn.

Tuve que regresar a Andalucía como Jefe de Informativos de Canal Sur Televisión para comprender a Clinton y a Juliá. Las circunstancias me empujaron a correr mi primera maratón en Sevilla en el año 2000. Desde entonces, no pueden pasar más de dos días sin ir a entrenar. Todo es relativo después de correr tu primera maratón. Ya no se trata de los beneficios saludables que reporta el ejercicio físico, como muestro en el programa «Salud al día». Siempre bajo supervisión médica y con el entrenamiento adecuado la maratón te demuestra que la vida es una carrera de fondo. He corrido 16 maratones: Sevilla, Huelva, Madrid, Barcelona, Milán, Ciudad Real… De todos ellos me quedaría con el que completé con mi mujer, Yolanda, en 2009. Y es que pocas cosas te llenan tanto como compartir una afición tan sana con los que tú más quieres. Eso sí que es «salud al día». Cuídense…

Jet lag

(15/08/08)

Faltan 79 días

Y, sin embargo, se mueve.
Galielo Galilei.

Buenos días. Aunque, a decir verdad, buenas noches... Bueno, no sé, el jet lag me tiene un poco desorientado. Lo explico. Estoy en Pekín, y mientras aquí el sol ya se ha despertado, por España lo que brilla todavía es la oscuridad. Muchos de vosotros estáis embaucados en los brazos de Morfeo, y yo a punto de calzarme las zapatillas para empezar la mañana sudando. Un poco raro todo esto, lo reconozco.

La verdad es que por el trasiego de los preparativos y por el propio viaje llevaba ya casi una semana sin cumplir con ese ritual casi místico: subirte los calcetines, ajustarte las mallas, atarte los cordones, darle al play en el i-pod y que el cronómetro empiece a devorar minutos... Vamos, lo de todos los días. Aunque el escenario de hoy hace que todo esto adquiera una dimensión especial: estamos en China.

Ya he comentado en alguna ocasión que me viene muy bien lo de variar rutinas para oxigenar un poco. Apenas han sido 40 minutos de carrera. Pero todo un mundo por descubrir mientras trotaba por los alrededores del hotel. Te das cuenta de lo diferentes que podemos llegar a convertirnos los seres humanos por el mero hecho de vivir en zonas diferentes del planeta. Prácticamente me siento un extraterrestre. Llama mucho la atención que usos que para nosotros son totalmente extraños en China sean costumbres:

la gente escupe al suelo con total naturalidad, los conductores no respetan los pasos de cebra y cruzarlos se convierte prácticamente en una temeridad, hay casi más bicicletas que coches, y los peatones se paran cada dos por tres a descansar con una postura que a mí me resulta de todo menos cómoda. Tantos detalles que observas, tal choque cultural. Todo esto hace que apenas te das cuenta de cómo pasa el tiempo mientras corres, porque vas con los ojos bien abiertos para no perder detalle.

Y cuando miras el reloj… zás! Ya estás en el hotel. Empieza una nueva jornada, aunque para ti que estás en España quizás ni haya terminado la anterior. Buenas noches… o buenos días.

Gadgets

(18/08/08)

Faltan 76 días

La gente se arregla todos los días el cabello.
¿Por qué no el corazón?
Proverbio chino.

De pequeño mi madre me sorprendió más de una tarde ante la tele con la boca abierta y el bocadillo de Nocilla suspendido en el aire por un instante, justo antes de que lo devorase. Durante esos segundos en los que el tiempo se había detenido no podía pestañear maravillado por los increíbles artilugios del simpático Inspector Gadget: hélices que aparecían de su sombrero, una gabardina hinchable para flotar en el agua, o los gadgetopatines propulsados con cohetes surgidos de la suela de sus zapatos.

Siempre soñé con tener alguno de ellos, y ahora ese deseo infantil prácticamente se convierte en realidad. Gadgets parecidos se amontonan en el Mercado de la Seda, en Pekín, un gran bazar chino de pequeños artefactos electrónicos con un precio asequible a cualquier bolsillo. Aquí encuentras de todo lo que puedas imaginar, y cosas que pensabas no se habían inventado todavía se agolpan en las diversas tiendecillas custodiadas por amarillas gritonas que te interpelan «compla, compla!». Mi fiebre maratoniana me ha hecho esquivar los teléfonos de última generación y los televisores de bolsillo, embaucado por la búsqueda de un GPS con pulsómetro. Regatear es una premisa en cualquier negocio que entables aquí, un juego gracias al que he conseguido bajar el precio de uno hasta la mitad de lo que valía en España.

Esa sensación de triunfo por la ganga adquirida me ha acompañado durante el entrenamiento de hoy. Después de un curso acelerado de mandarín para leer el complicado libro de instrucciones y de hacer los pertinentes ajustes, mi nuevo GPS está en marcha.

50 minutos corriendo, y 50 minutos maravillado ante un ingenio tecnológico que permite almacenar innumerables datos en un cacharro tan pequeño. Está claro que a partir de ahora mi concepto de entrenamiento va a cambiar, porque ya puedo abandonar los caminos que había medido con el coche y aventurarme por nuevos parajes. Ahora sé al instante el ritmo, la distancia recorrida y las pulsaciones.

El corazón había sido hasta ahora el indicador de la intensidad de mi ejercicio. Gracias al pulsómetro, podía controlar más o menos los umbrales que recomiendan para llevar un ritmo adecuado, entre el 70 y el 80% del máximo de lo que tu corazón puede latir. Con una sencilla operación (restarle a 220 tu edad) puedes calcular de manera aproximada el umbral máximo. Aunque los datos más fiables llegarán el mes que viene, con la prueba de esfuerzo.

Está claro que el pulsómetro te entrena, te calma los días en que estás muy activo y te invita a ir más fuerte cuando estás con pocas ganas. Pero ahora dispongo de más datos. Sé exactamente, con precisión, la velocidad a la que voy en cada momento. Y mi entrenamiento ganará en calidad gracias a mi nuevo artilugio. Adelante, gadgetoreloj!

La Gran Muralla

(20/08/08)

Faltan 74 días

El que ha desplazado la montaña es el que comenzó por quitar las pequeñas piedras.
Proverbio chino.

Si te paras a pensarlo, la grandeza del ser humano es infinita. Aunque en el momento de esta reflexión me siento muy, pero que muy pequeño. Curiosa contradicción. Como hacemos cuando llegamos a la cima de una montaña, he resoplado, me he puesto las manos en la cintura y he ido girando mi cintura de derecha a izquierda para contemplar el horizonte en todo su esplendor.

Estoy en la Gran Muralla china, una de las siete maravillas del mundo. No me extraña. Llegó a medir más de 20.000 kilómetros (aunque ahora queda algo menos de la mitad), tiene una altura de siete metros de alto y cinco de ancho. Y todo ello construído por el hombre. Tal era su majestuosidad que se llegó a creer que se podía ver desde el espacio. Una leyenda urbana posteriormente derrumbada.

Estando en Pekín, era un pecado no hacer una visita a este monumento declarado Patrimonio de la Humanidad por la Unesco. Nos hemos puesto el disfraz de turistas y hemos alquilado un coche para llegar hasta Badaling, el tramo de muralla más cercano a la ciudad. Eso sí, como sólo habíamos tenido tiempo para entrenar apenas un día, aprovechamos este lugar para matar dos pájaros de un tiro: saciar nuestra curiosidad y correr un ratito.

Sin temor a equivocarme, puedo asegurar categóricamente que nunca correré en un lugar tan místico y bello como éste. Por eso, el entrenamiento de hoy se nos ha hecho más fácil que de costumbre. Eso no quiere decir que no haya sido duro. Porque podrás imaginarte que el terreno es de todo menos llano. La muralla tiene tramos en rampa y otros en escalones, con lo que hemos ido alternando unos con otros, pero siempre picando hacia arriba. Una buena manera de hacer cuestas, que las tenía algo descuidadas.

A nuestro paso, como íbamos todos los del grupo perfectamente uniformados con unas camisetas de ánimo a Paquillo, los demás turistas que se cruzaban con nosotros se mostraban sorprendidos al vernos. Tanto los chinos, a los que les encanta una foto y que amablemente nos pedían que nos parásemos para capturar ese instante, como a los españoles con los que hemos coincidido. Un curioso golpe de fortuna incluso nos ha permitido que una pareja que estaba de luna de miel nos haya regalado unas entradas para el partido de waterpolo entre España y Serbia, porque ellos no iban a tener tiempo de ir. Se agradece.

En apenas 50 minutos me he dado cuenta de que no hay mejor manera de conocer el mundo que corriendo. Y de que ya por el siglo V, cuando empezó a construirse la muralla, el hombre era capaz de plantearse grandes metas y ponerse manos a la obra para hacerlas realidad. Eso me suena de algo.

Quiero ser como ellos

(24/08/08)

Faltan 70 días

La única manera de encontrar los límites de lo posible
es ir más allá de lo imposible.
Arthur C. Clarke.

Después de 10 días disfrutando de Pekín y de sus Juegos Olímpicos, nos vamos. Caprichos del destino, antes de tomar el avión de vuelta, nos despide la Maratón, la última prueba de la que vamos a disfrutar en estos días de desenfreno deportivo. Tengo que reconocer que hubo un momento en el que tuve que cerrar la boca, porque ya la llevaba abierta durante un buen rato viendo la facilidad de los atletas africanos.

Y me puse a buscar los motivos de su aplastante dominio en la media y la larga distancia. En la genética y la fisiología está la respuesta. De hecho, un estudio ha revelado que estos deportistas poseen mayores concentraciones de una enzima que ayuda al organismo a la oxidación de los ácidos grasos y contribuye a que los músculos proporcionen más energía. Además, al gastar menos oxígeno, tienen mayor capacidad de resistencia. A esas ventajas tenemos que unirles la desventaja que tienen en la escala sociocultural, a la que también han sabido sacarle rendimiento. Y aunque parezca un tópico algo despectivo eso de que «corren más porque están acostumbrados a que los persigan los leones», sí que es verdad que el contexto en el que viven (correr largas distancias para ir al colegio en zonas de elevada altitud) les hacen potenciar desde pequeños esas cualidades atléticas en su día a día.

Por eso, ver trotar a los africanos es un gustazo. Prácticamente ni tocan el suelo, lo hacen todo muy fácil, como si fueran volando. No es de extrañar que sean los mejores. Y que los que aspiramos a correr una maratón queramos ser como ellos.

No cabe duda de que son los auténticos dominadores de la especialidad. En Pekín no iba a ser menos. Al paso por el kilómetro 10 el grupo de cabeza lo formaban ocho atletas, y siete eran del continente negro. África al poder. El único que se coló en esa fiesta sólo reservada a etíopes, keniatas, eritreos o marroquíes fue un paisano. Chema Martínez estuvo valiente en la primera parte de la carrera, dejándose ver, para gozo de los aficionados que estábamos en la Plaza de Tiananmen. Pero el gran retrato de Mao que preside el lugar fue testigo del fin de la aventura del madrileño. A partir de ahí, la carrera iba a ser sólo cosa de africanos. El calor y la terrible humedad hicieron el resto.

Wanjiru fue el primero que entró en el Nido de Pájaro. Y de los diez primeros sólo tres no fueron africanos. Chema Martínez pagó el esfuerzo del principio, terminando a ocho minutos del etíope, que había logrado el récord olímpico. Un decimosexto puesto de poco lustre, pero que tiene doble mérito si tenemos en cuenta que él no es un dotado con la genética de los africanos. Y que hace que los que amamos este deporte les tengamos una envidia sana.

Ilmo. Sr. D. Francisco Fernández

(25/08/08)

Faltan 69 días

Quien tiene algo por qué vivir
es capaz de soportar cualquier cómo.
Nietzsche.

Todos le conocemos como Paquillo, aunque permíteme que un servidor le anteponga a su nombre y apellidos estos tratamientos honoríficos. El mejor atleta español del siglo XXI se lo merece. Pero él me confiesa que prefiere lo de Paquillo. No es un diminutivo, es su nombre de guerra. Como los grandes toreros: Joselito, Manolete, Pepe Hillo, Finito, Jesulín… Lo pequeño de sus nombres lo engrandece su figura. También es el caso de mi paisano.

Hoy he tenido la suerte de correr codo con codo junto a él. Un orgullo. A ver si se me pega algo… Hemos estado rodando en la pista que lleva su nombre, en uno de los primeros entrenamientos post-Juegos. Desde el principio ha marcado un ritmo cómodo para él (4'40) pero a una distancia sideral de mis posibilidades. Y lo he aprovechado para hacer series. Algo más de dos vueltas a la cuerda del circuito (un kilómetro exacto) con él, y luego volvía a mi trote cochinero. Y así durante los pertinentes 50 minutos.

Pero lo más importante de esta sesión de trabajo ha sido darte cuenta de la disciplina de trabajo que tiene un atleta de elite y, por encima de todo, de su humildad. A pesar de su palmarés, a pesar de tener decorada su casa con todos los trofeos que ha ganado, a pesar de vivir casi instalado en el podio, no entrena con las medallas colgadas al cuello. Ni escuchas su tintineo. Para él, todo eso se queda atrás y no sirve de nada cuando pisas el tartán.

Por eso, aunque muchos le quieran llamar Ilmo. Sr. D. Francisco Fernández, él prefiere lo de Paquillo.

Un día tonto

(31/08/08)

Faltan 63 días

Es duro fracasar en algo,
pero es mucho peor no haberlo intentado.

Hoy es de esos días que apenas discurren sin pena ni gloria, de los que no pasarán a la historia. Arrancas la hoja del calendario y éste prácticamente ni se queja. Vamos, un día tonto en el que el balance en cuanto a mi aportación a la humanidad está en números rojos. Me he despertado tarde y no le he cogido el tranquillo ni a la mañana ni a la tarde. Tirado en el sofá, dueño y señor del mando a distancia, y sin salir de casa. Hasta que ha llegado el momento en el que me he dicho a mí mismo: «habrá que hacer algo por la patria, ¿no?». Y manos a la obra. A eso de las ocho y cuarto de la tarde he demostrado que el movimiento se demuestra andando... o corriendo.

He empezado a trotar sin tener muy claro ni a dónde ir, ni durante cuánto tiempo. Y me he dejado llevar. Así durante diez minutos, en los que ni me he encontrado a mí mismo ni he notado las buenas sensaciones. Pero a partir de ahí, la magia. Es como la inspiración de los grandes artistas, que no sabes cuándo llega, pero aparece de repente. Y empiezas a dibujar finos trazos sobre el lienzo que acaban convirtiéndose en una obra de arte. Algo parecido, salvando las distancias, he hecho sobre el asfalto. Resueltas mis dos dudas existenciales (recorrido y distancia), me he marcado un ritmo cómodo para un día tonto como estaba siendo el de hoy.

Es 31 de agosto, y como cada año, el último fin de semana del mes marca el final de las vacaciones y el inicio de la liga de fútbol. Ambos me han acompañado. El descanso que se acaba para la mayoría de los mortales ha motivado que hubiera más coches de los habituales, en plena operación retorno. Y el arranque de la nueva temporada futbolera ha sido hoy mi banda sonora. Un sonido inconfundible, añejo, de tantos años…

Las sensaciones han sido tan buenas que han permitido que me haya deleitado con el paisaje de mi Guadix, principalmente a la vuelta. Además, picaba para abajo, por lo que todo ha sido más cómodo hasta llegar a casa.

Salvo por estos 62 minutos corriendo, un día más que arrancamos del calendario.

300 gramos

Por Fernando Chacón
Atleta 24 horas (empleado de tienda de zapatillas, maratoniano y entrenador)

Cuando aquel pobre soldado griego recorrió los 42 kilometros que separan las ciudades de Maratón y Atenas no pudo imaginar que su leyenda llegaría tan lejos. Cuando siglos después los reyes de Inglaterra se encapricharon en añadir 195 metros para que la mítica prueba pasara por la Puerta de Palacio probablemente tampoco pensaron que ese fatídico puñado de metros derramaría tanta tinta. Y es que si en algo se parece lo que es hoy una maratón a lo que recorrió ese soldado con unas simples y rudas alpargatas es que todo el que se enfrenta a ella acaba sufriendo tanto o más pánico que tan mítico emisario.

Desde mi posición como dependiente de una tienda especializada en atletismo (donde por cierto el autor de esta obra acabó peregrinando), entrenador y especialista en la materia en general puedo decir que mis piernas pueden o no decidir si asalto al reino de Filipides. Pero cada año, como si de un ritual se tratara, al llegar el otoño y la primavera respiro Maratón. Detrás de cada zapatilla que vendo hay una historia, pero las que van para los maratonianos rezuman miedo, ilusión, trabajo y hasta fetichismo. En el mundo del corredor abunda esa bendita locura que lleva a correr sin buscar llegar a ningún lado pero es pronunciar la palabra mágica y se desata la neurosis colectiva. Más allá de buscar unas zapatillas que les separe de la tiranía del asfalto los corredores buscan seguridad en apenas de 300 gramos de plástico y tela.

Resulta obvio que por bien conjugados que estén los elementos de una zapatilla sólo serán un mero acompañante en tu misión. Es de costumbre que detrás de todos esos rituales a veces absurdos dejemos atrás otros muchos de vital importancia. Ese día todos juegan: calcetines, camiseta, crema antirozaduras, guantes y un largo etc. que, no olvidemos, van sobre un maltratado cuerpo y una cabeza desquiciada por las emociones.

Si algo he de decir a modo de resumen es que trates de normalizar el maratón como una carrera más aunque sepas que no lo es. Porque, como todo en la vida, será quizás que ésta también es en parte una maratón, el equilibrio entre emociones y razón es la que lleva al éxito.

SEPTIEMBRE

A quien madruga...

(01/09/08)

Faltan 62 días

Si no duele, no merece la pena.

Hoy he decidido despertarme temprano, a las diez de la mañana. Y me dirás con tono irónico y socarrón: «pues vaya madrugón que te has pegado, amigo». Y yo te responderé de manera burlona: «sí, es que yo estoy de vacaciones, mientras que tú hoy, uno de septiembre, a estas horas estarás lamentándote por la vuelta al trabajo». Así que estas horas para mí en esta época son intempestivas. Pero he decidido correr hoy por la mañana, para no tener la tarea pendiente el resto del día, por lo que pueda pasar...

A las 10.30 había quedado con un par de amigos, pero han hecho pellas. He aparecido con mis mejores galas, pero ni rastro de ellos. Y yo sin mi i-pod. Qué aburrimiento... Íbamos a salir por el antiguo cauce del río, pero al final me he visto sin fuerzas, y me he puesto a darle vueltas a la pista de atletismo. Como si fuera una peonza. Una vuelta, y otra, y otra...

Pero allí, cuando menos te lo esperas, se ha producido el «descubrimiento» de la mañana: todos le llaman Reverte. Un chaval deficiente mental que me ha dado toda una lección de pundonor. Se ha unido a mí y hemos compartido estos 50 minutos mañaneros. Es mi nuevo amigo, una persona que no tiene el imposible en el diccionario y que sueña. Sueña con castillos en el aire, que nunca serán realidad, pero es esa magia la que mueve a gente como él. Sí señor, todo un ejemplo. Ha merecido la pena madrugar.

Correr, placer intelectual

Por José Antonio Muñoz,

Director de Andalucía Sports Bureau

No crean que el título es mío. Es de Mario Vargas Llosa, del que hace algunos años leí un artículo que reflejaba una vivencia que yo sentía en muchas ocasiones: la posibilidad de conocer el centro histórico de muchas ciudades corriendo por sus calles vacías a muy temprana hora de la mañana.

El deporte es sacrificio siempre, a cualquier nivel que se practique. Unos lo hacen seis horas al día de cara a bajar las milésimas necesarias para batir un récord del mundo en la piscina o en la pista y otros andan a paso ligero tres veces en semana o están un rato en una sala polideportiva haciendo actividad física para mayores. Somos muchos los que nos situamos entre ambos parámetros, corriendo, nadando, jugando a un deporte de balón, andando en bicicleta, con una raqueta o sentado en una embarcación sobre el agua. A todos nos produce alguna satisfacción pelearnos con nuestros límites e intentar mejorarlos.

Para alguien como yo, que tiene una vida desordenada por continuos viajes y reuniones a deshoras, es difícil mantener un horario estable para hacer una actividad que siempre me satisfizo pero para la que no estoy muy dotado por mis condiciones fisiológicas: la carrera de larga distancia, por supuesto, en la calle. ¿Qué mejor que practicar a las seis de la mañana? Nadie me observa, puedo elegir el recorrido sin problemas con el tráfico y trabajar de paso algunas cualidades interesantes como constancia, fuerza de voluntad y autocontrol.

Soy un comilón empedernido y creo que corriendo más o menos una hora en días alternos, consigo mantener mi peso estable, descargar mucho del stress diario y aguantar mis niveles de salud en parámetros razonables.

Mi sueño, cuando era deportista de competición, siempre fue correr una maratón. Ahora me dedico a entrenarme porque sé que un día lo intentaré y tal vez lo logre y, mientras tanto, estimulo a amigos y conocidos a que lo hagan. Y, si tengo que recomendar un lugar para entender lo que esto significa, no lo duden: háganlo en cualquiera de las carreras que hay en Andalucía o vayan al mayor espectáculo conocido: la New York City Marathon.

Correr, ese extraordinario placer.

El que algo quiere, algo le cuesta

(02/09/08)

Faltan 61 días

Es poco atractivo lo seguro. En el riesgo hay esperanza.
Publio Cornelio Tácito.

Cada logro que consigues en la vida tiene un precio. No hablo de su coste económico, sino el intangible, que es el que realmente cuenta. Creo que las cosas se deprecian si las conseguimos con facilidad. Un millonario no valora tanto su lujoso coche como lo haría un modesto trabajador con su humilde utilitario que le lleva todos los días a la oficina. A mí me pasa igual. No sabes cuánta importancia le doy a lo que estoy haciendo, justo ahora que estoy en la mitad del camino: correr una maratón. Está claro que para alguien habituado a estas distancias la de Nueva York es una más. Para mí no.

Pero estar en la línea de salida el próximo dos de noviembre supone tener que despojarte de muchas cosas. Es como el lastre que sueltas para que el globo en el que viajas vuele más alto. Una renuncia en todos los sentidos, teniendo que dejar de lado algunos de los placeres más apetecibles de la vida. Dejas de comer lo que te gusta y tienes que cambiar tus hábitos alimenticios. Tu rutina diaria se transforma y el tiempo libre lo ocupas sobre el asfalto. Apenas lo dedicas a tus amigos, a los que ves menos. Castigas tus músculos y articulaciones a un gran desgaste... Ese sacrificio es el precio. Aunque lo que recibes a cambio vale mucho más que eso. A pesar de tanta renuncia, no debemos recaer. Y es que la recompensa está cada vez más cerca, justo a dos meses. El mismo camino que ya he dejado atrás.

Hasta la última gota de sangre

(08/09/08)

Faltan 55 días

Sin dolor no hay recompensa.

Ya no valen excusas, hay que darlo todo. Faltan justo ocho semanas. Y en una breve escala en Sevilla, justo antes de irme a pasar los últimos días de mis vacaciones a Londres, he aprovechado para hacer una visita por el Centro Andaluz de Medicina Deportiva (CAMD). Os aseguro que están a la última, tanto a nivel técnico como humano. Y, lo mejor de todo, que siempre tienen las puertas abiertas y allí te encuentras en familia. Como se suele decir, grandes profesionales y mejores personas: el doctor Beas, el profesor Jaenes y un largo etcétera. Y no sólo ellos, sino que te encuentras con deportistas de elite. Hoy me he topado con Antonio Jiménez Pentinel, que me ha dado muchos ánimos.

Bueno, a lo que iba, que me voy por los cerros de Úbeda. He pasado por el CAMD porque los responsables de la expedición a Nueva York han organizado una serie de pruebas para los que vamos a correr la maratón. Para mí todo eso era nuevo. Es como ir al médico, pero vestido con las mallas y las zapatillas. El primer reconocimiento ha sido el de medicina interna, a cargo de mi paisano Juan de Dios Beas. Por lo que dice en el informe, todo está correcto. Aunque yo creo que ha sido demasiado benévolo conmigo, se nota que me quiere bien. Sólo hay que verme a primera vista y concluir que tengo que pasar por la ITV ya.

Hasta aquí todo más o menos bien. De ahí hemos pasado a la prueba de esfuerzo y al test de lactato. Lo que se pretende es saber mi estado de salud y el verdadero potencial que tengo de cara a la maratón. Es mi primera vez, y te aseguro que hacer estas pruebas te hacen sentirte un deportista profesional con tantos cacharros y aparatos colgando de mi torso, y esos electrodos pegados a mi cuerpo para controlar el pulso. Además, una máscara que mide el oxígeno que tomo y el anhídrido carbónico que exalo, con la que parezco una mezcla de Darth Vader y Terminator. Correr, no sé si correré, pero pasar el casting de una peli de ciencia ficción seguro que sí.

En la prueba de esfuerzo, sobre tapiz rodante, hemos ido subiendo progresivamente la intensidad de la carrera, desde los 10,8 kilómetros por hora, mi ritmo habitual. Cada tres minutos parábamos 30 segundos para el pinchacito en el dedo del test de lactato, y posteriormente, aumentar el ritmo 1,8 kms/h. hasta que se me gastase la gasolina.

De esta forma, según me han explicado los doctores, se determinan los umbrales, el consumo de oxígeno que se emplea en cada momento. Y así conoceré con exactitud la frecuencia cardíaca a la que tengo que realizar cada una de las fases del entrenamiento.

Con lo que no contaba en esta prueba de esfuerzo era con mi aprensión a la sangre. Desde pequeño. Siempre me he mareado cuando la he visto, y hoy no podía ser menos. Con el primer pinchacito ya he dado el primer aviso. Pero he aguantado el tipo. El lío ha empezado cuando el enfermero ha dado el tercero, y he empezado a chorrear sangre a borbotones. Parecía una película de Quentin Tarantino. Cuando he visto eso, he empezado a ponerme blanco y la típica gota de sudor frío bajando por mi frente era sólo el anticipo de lo que suele pasar después. Hemos tenido que parar y sentarme, porque me iba a dar algo.

Dicen que para conseguir cosas importantes hay que sudar y echar hasta la última gota de tu sangre. Bueno, pues yo ya he empezado. Al menos, la prueba de esfuerzo me ha confirmado que vamos por el buen camino.

Aspectos médicos de la Maratón

Por Juan de Dios Beas,
Jefe de la sección de Medicina Deportiva del CAMD y presidente de la Sociedad Andaluza de Medicina del Deporte

Estas cosas suelen pasar por tener amigos que les da por escribir libros y por ese incorregible defecto mío que es no saber decir que no. Por eso me veo aquí frente al papel en blanco, bueno realmente ante la pantalla en blanco, que tengo que completar para el libro de Rafa Vega sobre el Maratón y sus aspectos médicos. Este accitano llegado a la capital del mundo mundial, nos ha metido en un «embolao» a un buen grupo de amigos, dada su afición a correr maratones aunque, típico de las mentes inquietas como la de Rafa, él no sólo se dedique a correr durante la maratón... Pues bien, querido lector, intentaré salir airoso de este agradable compromiso. Pero desde el inicio le quiero advertir que si en este apartado va buscando rigor científico, puede abandonar aquí y dedicarse a otro documento, pues me voy a permitir ciertas licencias para hablar de medicina y maratón en el libro de mi amigo.

En esta sociedad del mínimo esfuerzo y de la automatización, resulta sorprendente cómo cada vez más personas se plantean el reto de correr una maratón. Sólo desde la perspectiva personal de la superación puede entenderse la realización de los sacrificios que se deben hacer para conseguir finalizar una maratón. Pero no nos engañemos, el enfrentarse a esta carrera precisa de una preparación física previa suficiente, de un buen plan de entrenamiento, de unas cualidades psicológicas adecuadas y de diversas medidas nutricionales y médicas para garantizar que correr nuestra primera maratón no se convierta en un calvario y que la podamos terminar con ganas de hacer la siguiente. No obstante tampoco hay que sacar las cosas de quicio, los maratonianos no se diferencian mucho de esos otros que realizan otras «maratones» para conseguir sus metas personales o laborales, pero en este libro se trata de hablar de los primeros, dejando al margen a otros fondistas de la aventura vital.

Al igual que Milcíades, general griego que se enfrentó a los persas en la batalla de Maratón (batalla a la que debemos el motivo de que 2.500 años después estemos dándole vueltas a este asunto) para ser capaces de terminar una carrera como ésta debemos conocer bien a nuestro «enemigo» y anticiparnos a él. Y es que cualquiera que se plantee hacer una maratón podría terminarla, pero no todos los que lo intenten lo conseguirán, si no están bien preparados y no saben bien a lo que se enfrentan. Continuando con el símil, los griegos lucharon en inferioridad contra los persas pero su conocimiento del medio y la convicción en sus ideas les dieron la victoria, del mismo modo que la adecuada planificación y una revisión médica previa nos permitirá el éxito.

Los principales problemas médicos derivados de la maratón están motivados por el sobreuso de estructuras anatómicas que no están preparadas para soportar este tipo de esfuerzos bien por la falta de entrenamiento o por la existencia de anomalías previas que se pondrán de manifiesto cuando incrementemos las cargas de entrenamiento. Por este motivo una adecuada revisión médica encaminada a garantizar el estado de salud del deportista y a detectar anomalías del aparato locomotor que se puedan agravar por el esfuerzo son imprescindibles para enfrentarnos con éxito a la maratón, sin caer en lesiones que podrían frustrar nuestras ilusiones.

Además, un esfuerzo físico como el que es necesario en la preparación de la maratón y en la realización de la misma, podrían poner de manifiesto patologías subyacentes que se pueden agravar con la actividad física intensa, pudiendo acarrear al deportista consecuencias irreparables. Por tanto se hace imprescindible, antes de iniciar la práctica deportiva o cuando decidimos incrementar la misma con metas más ambiciosas, la realización de un reconocimiento médico completo, incluyendo electrocardiograma de reposo en doce derivaciones y prueba de esfuerzo, además de una anamnesis completa y una exploración física exhaustiva, para minimizar los riesgos del desconocimiento de patologías subyacentes en el deportista. Pese a todo y dado que ni las ciencias médicas, ni los médicos, son infalibles, no todas las patologías que se pueden agravar con el esfuerzo, son detectables con los conocimientos médicos actuales, por lo que el riesgo no puede ser reducido a cero.

De este particular seguro que mi amigo Rafa les relatará alguna a lo largo del presente libro ya que, como ejemplo de consecuencias imprevisibles de la participación en una maratón, él nos ilustrará de las que le ha traído la maratón de Nueva York que, al contrario de las «secuelas médicas» que antes les relaté, para él esta maratón ha tenido unas muy felices consecuencias que, como en el mejor libro de suspense, si quieren conocerlas tendrán que culminar la lectura del que tienen en sus manos.

London Calling

(10/09/08)

Faltan 53 días

Cuando pones un límite a lo que harás,
estás poniendo un límite a lo que puedes hacer.
Charles Schwab.

Es una de las canciones más influyentes de la historia de la música popular. The Clash hizo una auténtica apología del punk en los tardíos años 70, y este London Calling fue su bandera. El título viene de una de las frases más pronunciadas por los ingleses en la II Guerra Mundial. Pues yo también he sentido la llamada de Londres. Y por aquí andamos.

El entrenamiento de ayer, por aquello del viaje y que no dormí demasiado la noche anterior, me lo salté a la torera. Prometo recuperarlo al final de la semana en uno de mis dos días de descanso. Pero el de hoy era sagrado. Y he buscado un recorrido que fuera atractivo. Para ello, nada mejor que las recomendaciones de Kevin, un amigo londinense que gentilmente me ha abierto las puertas de su casa, y un maratoniano de los buenos. De hecho, hace un par de días se marcó tres horitas en su preparación de la Maratón de Ámsterdam. Su sugerencia ha sido que rodara por los alrededores de Clapham Common, un parque cercano a donde él vive, al sur de Londres.

Le he dado un par de vueltas al parque, a razón de 35 minutos cada una, llegando a la hora y diez, algo que no había logrado hasta el momento. Esto es, superar la hora ya con cierta solvencia. Estamos a apenas ocho semanas y hay que ir aumentando la duración de las tiradas.

Durante todo ese tiempo he podido darme cuenta de la cantidad de corredores populares que hay, y eso a pesar de que era por la mañana. De todas las edades, hombres, mujeres… Mi ritmo no ha sido demasiado vivo, porque me encuentro luchando con todas mis fuerzas contra la gripe. De hecho, en algunos momentos me he visto tentado a parar. Pero ahí he continuado, lo que me ha permitido disfrutar de un parque maravilloso e, incluso, de sus animales: perros, patos, ardillas… Además, mis articulaciones no han sufrido más de lo necesario, porque la mayor parte del tiempo he corrido sobre césped.

Así que, como se dice por estas tierras, I feel good!

(P.D.: Este texto ha sido escrito en Kensington Gardens, bajo la atenta mirada de Peter Pan. Mañana le saludaré corriendo).

En el País de Nunca Jamás

(11/09/08)

Faltan 52 días

Los sueños se pueden hacer realidad,
si lo deseas lo bastante fuerte.
Puedes tener cualquier cosa en la vida,
si puedes sacrificar todo lo demás.
James Mathew Barrie.

Igual que yo, Peter Pan era un niño que nunca quería crecer. Vivía en un lugar llamado Neverland, el País de Nunca Jamás. Un mundo de sueños y fantasía que creó el genial escritor inglés J. M. Barrie, probablemente en uno de sus muchos paseos por el londinense Hyde Park y sus Jardines de Kensington. Un universo mágico que ayer tuve la oportunidad de conocer, y que dio rienda suelta a mi imaginación: ¿por qué no volar mañana, en lugar de correr?

Y aquí estoy otra vez, dispuesto a recrear las peripecias de aquel niño vestido de verde en este parque que me evoca ese maravilloso lugar llamado Nunca Jamás.

Hyde Park fue abierto al público por el Rey Jaime I, aunque ya Enrique VIII lo había utilizado como lugar habitual para sus jornadas de caza. Pronto se convirtió en un sitio de moda para la alta sociedad londinense. En la actualidad, se ha transformado en el mayor espacio abierto de la capital inglesa, que permite escapar de los grandes edificios. En su esquina noreste, al final de Oxford Street, está Marble Arch, entrada triunfal para el Palacio de Buckingham en otros tiempos. En el extremo contrario se encuentra Hyde Park Corner y el Arco de Wellington. Y en su interior, el parque lo cruza casi de norte a sur el Lago Serpentine, siendo frontera natural de los Jardines de Kensington.

Pues todos estos lugares los he visitado corriendo. Exactamente no sé cuánta distancia habré cubierto. Lo que sí tengo claro es que el reloj al final me ha dado una grata sorpresa: una hora y 20 minutos, el mayor tiempo que he pasado entrenando, a pesar de la fina lluvia que ha caído. Aunque se ha hecho bastante ameno.

Como apenas conocía el parque (salvo por la breve visita de ayer), no tenía del todo claro el recorrido que quería hacer. Así que he improvisado. Lo único seguro era pasar por delante de la estatua que hay en honor de mi héroe Peter Pan y saludarle. Es lo mínimo que se merece mi anfitrión. Por su parte, Peter ha sabido estar a la altura de las circunstancias y se ha encargado de que su huésped de honor (un servidor), no estuviera solo en su viaje por el País de Nunca Jamás. Así que ha ordenado a una de sus pequeñas legiones de patos, ocas, perros, ardillas y palomas que me acompañaran. Y además, ha querido que al final de mi camino, antes de volver al mundo real, tuviese preparado un chocolate humeante como recompensa.

Tantas atenciones por su parte que le he prometido volver cada vez que pueda a Nunca Jamás. Aunque sea en mis sueños.

Amigos para siempre

(14/09/08)

Faltan 49 días

No dejes crecer la hierba en el camino de la amistad.
Sócrates.

Jonny es mi anfitrión este fin de semana en Worthing, un pueblecito al sur de Inglaterra, no muy lejos de Brighton. Nos conocemos desde el 2000, cuando aterrizó en Sevilla con su marcado acento de Liverpool y su irremediable pinta de guiri. Dos años después, cuando regresó a Inglaterra, tenía un deje andaluz que le hacía muy particular.

Desde entonces no hemos perdido el contacto. O él venía con su familia, o yo iba a visitarle. Además, los correos electrónicos y las llamadas de teléfono han sido constantes. A pesar de todo eso, creía conocerle suficientemente pero estaba equivocado.

Igual que yo, él también está preparando una maratón, en este caso la de Dublín, que es justo una semana antes que la mía. Así que hemos decidido pasar la mañana entrenando, salir una horita a correr. Lo hemos hecho por las colinas de Cissbury Ring, un lugar con mucha historia, con restos arqueológicos de la Edad de Hierro y una fortaleza medieval en su cima. Desde ahí arriba hay una vista increíble de la costa inglesa que hemos podido disfrutar.

Aunque para llegar hasta ese punto hay que sortear incluso vacas pastando por el campo y los fantasmas que, según la leyenda, habitan por esta zona. Nosotros no nos hemos topado con ninguno. Pero sí hemos tenido la oportunidad de compartir algo más de una hora de carrera juntos, hablando, compartiendo confidencias, sueños, inquietudes. En definitiva, nos ha permitido conocer algo más el uno del otro, ahondar en nuestra amistad. Y saber que, pase lo que pase, aunque nos separen cientos de kilómetros de distancia, siempre estaremos ahí.

A la vuelta, nos esperaba un espectacular brunch (breakfast & lunch), mezcla de desayuno y almuerzo, típicamente inglés: huevos revueltos, alubias y bacon.

Se termina una semana en la que he subido la carga de entrenamiento a más de una hora diaria. Una buena forma de poner el cierre a mis vacaciones. Mañana toca volver a la rutina del trabajo. Pero con amigos como Jonny ha merecido la pena seguir corriendo.

Aviones

(15/09/08)

Faltan 48 días

Oh, alma mía, no aspires a la vida inmortal,
pero agota el campo de lo posible.
Píndaro.

Por más que le he dado vueltas a la cabeza, no termino de encontrar la explicación a ciertos porqués: ¿Por qué miramos hacia arriba cuando nos metemos en la boca la cuchara llena de yogur? ¿Por qué nos ponemos las manos en la cintura cuando llegamos a la cima de la montaña? Sí, ya sé que son preguntas absurdas, pero no cejaré en mi empeño hasta que no solucione estos dilemas existenciales. Yo también tengo mi personal porqué: ¿Por qué me quedo con la boca abierta mirando el cielo cuando veo pasar un avión?

La respuesta ha aparecido en la sala de embarque de un aeropuerto. Mientras esperaba en Gatwick para volver a casa después de las vacaciones, el continuo trasiego de viajeros arrastrando sus maletas me ha dado la clave. Y ésta es mi gran teoría: los aviones me producen una fascinación desmedida, una especie de hipnosis regresiva que te atrapa y casi no puedes salir de ella. Son símbolo de progreso, de eliminación de barreras. Y, fundamentalmente, y esto es de perogrullo, los aviones transportan a pasajeros. Pero, sobre todo, sus sueños, ilusiones, frustraciones, anhelos, esperanzas... Por eso, cada vez que escucho el zumbido de sus motores, la vida se detiene. Me paro a imaginar a las personas que vuelan en ese avión, de dónde vienen, cuál es su destino, quién le estará esperando, de qué huyen...

Tengo la misma curiosidad insana cada vez que me cruzo con alguien corriendo. Durante unas centésimas de segundo, tus ojos se posan sobre los del otro y tratas de hacer una radiografía instantánea y fugaz para imaginarte miles de cosas: cuánto tiempo lleva corriendo, si acaba de empezar o ya está terminando su entrenamiento, cuáles son sus motivaciones para correr, qué prueba estará preparando, estará cansado... Un escáner exhaustivo que, supongo, también realizará sobre mí el sujeto analizado. Algunas de esas dudas las resuelve la vestimenta o la forma física. De ahí puedes deducir que es un runner avezado, o alguien que apenas lleva una semana saliendo a correr. Pero siempre hay cuestiones que se quedan en el aire, justo en ese instante en el que ambas sombras se superponen en el camino. Vivir con esa constante duda cada vez que te cruzas con alguien al correr me invita a reflexionar sobre nuestras motivaciones, sobre lo que nos mueve a coger un billete de avión… y volar!

Ciencia ficción

(17/09/08)

Faltan 46 días

El arte de vencer se aprende en las derrotas.
Simón Bolívar.

Según aventuran algunos científicos, llegará el día en el que los humanos seremos máquinas perfectas programadas para cumplir determinadas misiones. Nuestro aspecto será muy similar al actual, sólo nos diferenciará un microchip insertado en la parte posterior del cerebro a través de neocirugía que nos tendrá bajo el control de un gran ordenador central. Interconectados en red, y bajo ese sofisticado software instalado en cada uno de nosotros, se establecerá un complejo sistema de producción en cadena gracias al cual se culminará cada una de las tareas asignadas, sin menoscabo de su dificultad. Cada uno de los objetivos que plantee ese terminal madre tendrá su correspondiente culminación por estos humanoides. Esta aplicación se irá mejorando en sus posteriores versiones reduciendo progresivamente el margen de error hasta cero. Un mundo perfecto, en definitiva, libre de virus. Para cuando esto ocurra, muchos de nosotros ya no estaremos aquí. Afortunadamente.

Porque somos seres humanos que alcanzamos un alto grado de satisfacción cuando culminamos los objetivos que nos planteamos. Pero también aprendemos y crecemos a base de los diversos errores que vamos cometiendo en ese trayecto. Y valoramos las cosas cuanto más empeño ponemos en conseguirlas. Qué sería de nosotros en un mundo perfecto como el planteado en el párrafo anterior. No existiría la frustración, ni la desazón, ni tampoco cundiría el desánimo, porque todo reto se completaría. Está claro que habríamos eliminado con ello sensaciones desesperanzadoras. Pero en ese modélico mundo tampoco cabría la ilusión o el empuje por conseguir las cosas. Borraríamos, pues, de un plumazo, la plenitud y el orgullo al ser capaces de superarnos a nosotros mismos.

Si yo hubiera sido uno de esos humanoides del siglo XXII, en estos momentos no estaría satisfecho con el trabajo realizado hoy junto a mi amigo Gámiz: correr por primera vez durante una hora y media. Algo que hace algo más de dos meses hubiera sido para mí ciencia ficción.

Por tu culpa, Abel...

Por Ángel Gámiz,

Maratoniano y periodista de Canal Sur TV

La Biblia te ha permitido, por tener ese nombre, una especie de inmunidad permanente. Llamándote así, pocas veces te pueden echar la culpa de algo. Pero a mí no me engañas. Ya no. No más. Ni a mí ni a los miles de ingenuos que un día lejano de Agosto del 99 te vimos lucirte por las calles de Sevilla. Sonriendo. Alegre. Calculando, al milímetro, la hazaña que te disponías a perpetrar. Corriendo con esa solvencia que sólo unos pocos tienen y saben administrar. Ese caluroso día, en el Estadio Olímpico, te vimos llegar a meta como sólo un campeón lo puede hacer. Sobrado. Saboreando esos últimos 195 metros que la realeza británica le otorgó a una prueba mítica. Disfrutando por haber conseguido algo que, sabías, iba a perdurar para siempre. Ese día, me inoculaste un veneno para el que todavía no he encontrado antídoto. Ese día decidí que yo también quería sentir lo que era traspasar la línea de meta tras correr esa distancia. Y desde ese día, no he hecho más que disfrutar cuando lo consigo y acordarme de ti cuando lo logro. Por tu culpa. Todo ha sido por tu culpa. ¿Y sabes lo que te digo? Que no sabes, ABEL ANTÓN, cuánto te lo agradezco.

Más difícil todavía

(20/09/08)

Faltan 43 días

Nadie debería negociar sus sueños.
Los sueños son libres y deben volar alto.
Nunca deberías aceptar disminuir tus aspiraciones.
Jesse Jackson.

Cuando el funambulista se asoma al vacío, unos segundos antes de empezar su actuación, el director pide a la orquesta que deje de tocar y todos los focos del circo se dirigen al punto más alto de la carpa. Desde allí arriba el acróbata es capaz de detener el tiempo y provocar arritmias en los corazones de los espectadores, deseosos de ver el número central de la noche.

Desde niño me han apasionado estos números circenses. Y ahora estoy a punto de protagonizar uno de ellos, de posar la punta de mis pies en el alambre y empezar a caminar sin red. Si creía que ya había hecho suficientes piruetas en la vida, ha llegado el más difícil todavía. Que suene la música, y todos a aplaudir. Porque hoy tengo ante mí uno de los entrenos más duros, de esos que jamás imaginé que iba a encarar.

Sin apenas tiempo para deshacer la maleta, me apresuro con Paquillo a correr cerca de una hora por la inexplorada Murcia. Acabamos de llegar a una tierra que no había visitado jamás hasta ahora, el lugar donde se celebra la final de la Challenge Mundial de marcha. En principio Paco llega con poca preparación y sus opciones son escasas. Después de los Juegos de Pekín, decidió tomarse un merecido descanso, sólo interrumpido por esta cita, así que no creo que esté para muchos trotes. Pero quiere hacer un rodaje previo a la carrera de mañana para ver qué tal se encuentra. Yo le comento que, por muy baja que sea su forma, no soy buen compañero de viaje. Con mi nivel apenas le podré acompañar 30 minutos.

Por debajo de cinco minutos el kilómetro desde el principio. Un ritmo que hasta el momento apenas había aparecido en mi velocímetro, salvo en las contadas series que hice el pasado mes. Pero que jamás había marcado en un rodaje largo. Todo es ponerse. Así que conforme se iba consumiendo el tiempo, mejor nos sentíamos. Las sensaciones de Paquillo para la carrera de mañana eran inmejorables, mientras que yo he ido cogiendo confianza a cada paso que daba. Eso sí, temía explotar en algún momento, quedarme tirado en la cuneta y no aguantar durante tanto tiempo a esta velocidad. Varias veces pensé en aflojar y esperarle para que me recogiera a la vuelta. Pero mi orgullo pudo más. Seguí con el gancho puesto, mis pulmones sin dar abasto bombeando oxígeno y las pulsaciones cada vez más altas. El hotel ya se divisaba en el horizonte. No pares. 10 kilómetros en apenas 50 minutos marcó mi GPS cuando apreté el stop.

Casi no he podido estirar de lo exhausto que estaba. Pero en ese preciso instante te das cuenta de que has dado más de lo que había hecho hasta ahora. Es cuando me he sentido identificado con el trapecista que, a pesar de caminar cada noche en el alambre, siempre quiere más.

P.D.: Al día siguiente, Paquillo se llevó la final de la Challenge Mundial de marcha. Tuvo suerte de que yo corriese a su lado en el entrenamiento previo.

Mi club

(22/09/08)

Faltan 41 días

Si quieres saber quién eres, no olvides de dónde vienes.
Anónimo.

Todos tenemos una necesidad de pertenencia. Sentirnos parte de algo. Desde los orígenes del ser humano, nuestros propios antepasados se agrupaban en torno a la tribu. Ahora lo hacemos de las formas más diversas: asociaciones culturales, comunidades de vecinos, logias masónicas... Incluso los animales lo hacen en manadas. No hay duda de que somos seres sociales. Y correr no iba a ser ninguna excepción. Hacerlo al lado de alguien te aporta un plus, te acerca a las personas de un modo que no lo hace cualquier otra actividad.

Por mis circunstancias, suelo correr solo. Aunque pertenezco a un club, mi club. Desafortunadamente, estamos en ciudades distintas, a 300 kilómetros de distancia. Y, a pesar de pagar mis cuotas religiosamente, nunca había tenido la oportunidad de compartir un entrenamiento con ellos. Aprovechando que estoy en Guadix, hoy me ha animado Paco Garzón, que ha agitado a los presentes a que me recibieran con un caluroso aplauso. Ellos son Los Trotanoches. Y yo también. Lo llevo a gala, en cada carrera luciendo sus colores y sus valores: amistad, compartir, aventura, esfuerzo y salud. Ellos lo llevan haciendo ya casi tres lustros, desde finales del siglo pasado.

El nombre no es algo casual. Porque, no es complicado adivinar, siempre salen a correr al ponerse el sol. Un horario un tanto extraño e incómodo para algunos, pero bastante acertado para los que, como la mayoría, tienen obligaciones laborales hasta bien entrada la tarde. Así que suelen citarse a las ocho y media, y a partir de ahí toca disfrutar.

Es el primer día de otoño, y eso en Guadix se nota. A esta hora empieza a hacer ya frío, pero el buen rollo que se nota desde el principio mitiga los rigores climatológicos. Bromas, comentarios, risas y, sobre todo, solidaridad. Gracias a ella, cualquiera se puede unir al grupo, sea cual sea tu nivel. De manera que han conseguido enganchar a un montón de gente que jamás hubiera imaginado correr una maratón y se han demostrado a sí mismos que Sísepuede! Así que el mérito es doble.

Por vuestra culpa, mi entrenamiento hoy ha sido mucho más llevadero, además de volver a descubrir rincones de Guadix que tenía guardados en lo más profundo de mi memoria. Lugares por los que correteaba de niño, callejuelas que se abrían paso hasta llegar a mi colegio, escondites en los que hacer nuestras primeras travesuras, refugios donde contar secretos de alcoba, olores que mi olfato llevaba tiempo sin percibir... Durante un rato me he dejado llevar por los recuerdos, un viaje a mi infancia que me ha permitido recordar de dónde vengo y sentirme orgulloso de mis orígenes.

Navegando entre la añoranza y la nostalgia por aquellos tiempos, hemos cubierto casi 12 kilómetros. Un recorrido turístico perfecto para vislumbrar las bellezas de la ciudad. Pero también ideal para disfrutar de un entrenamiento junto a otra gente que, como tú, tiene el mismo sueño de correr una maratón. Compartimos esfuerzos, y también recompensas. Somos un club. Mi club.

Animales nocturnos

(26/09/08)

Faltan 37 días

La noche es la mitad de la vida y la mejor mitad.
Johann Wolfgang Von Goethe.

No voy a hablarte de vampiros ni de murciélagos. Pero sí de criaturas que pueblan la noche. Al menos, una vez cada 365 días. El último viernes de septiembre todos los años los corredores populares tenemos una cita en Sevilla: la Nocturna del Guadalquivir. Si nunca has estado allí, te la recomiendo porque vas a pasar un rato bastante agradable. Es toda una fiesta, muchos van disfrazados, otros lo hacen con sus amigos o acompañando y apoyando a los neófitos, y toda la ciudad volcada animando a los corredores.

Yo le tengo un cariño especial a esta carrera. Fue la primera que hice, hace ya seis años. Por entonces, uno trotaba media hora al día, con lo que terminarla ya era un triunfo. Y lo logré, no sin sufrimiento. Gracias sobre todo al apoyo de Gámiz, Lali y el resto de gente del Club de Amigos del Botellín. Pero mi llegada a la meta suponía la culminación de mi primer gran reto atlético: 11 kilómetros, algo más de una hora corriendo, todo un muro que derribaba. Hoy en día, esa distancia y ese tiempo son poco para mi rutina diaria. Pero nunca hay que perder de vista los desafíos que nos hemos planteado a lo largo de nuestra vida, que nos han llevado hasta donde estamos en la actualidad, para saber de lo que somos capaces. Hace seis años me demostré a mí mismo que podía. Era un reto menos ambicioso que el que me tiene ahora ocupado, pero igualmente respetable. Por eso siempre digo que las cosas hay que hacerlas paso a paso, y respetando los objetivos de cada persona. Por aquel entonces la Nocturna era mi maratón particular, y el éxito y la satisfacción conseguida al llegar a la meta son equiparables a lo que estoy haciendo ahora.

Para mí, correr hoy esta prueba es un entrenamiento más. De hecho, es simplemente una preparación para la Media maratón del domingo. Cómo han cambiado las cosas. En años anteriores, mis compañeros me jaleaban en los momentos de debilidad, para arroparme y llevarme a la meta. Ahora soy yo el que cumplo ese cometido con los novatos. Antes, los demás se paraban para esperarme. Ahora soy yo el que tiene que frenar.

Después de 12 kilómetros disfrutando de la ciudad, del ambiente y del Río Guadalquivir, hemos estado una hora y nueve minutos corriendo. La sensación de éxito al cruzar la meta respecto a años anteriores es relativa. Esta vez se ha dado un pasito más, pero todavía queda camino por recorrer...

Dorsal 304

(28/09/08)

Faltan 35 días

Nuestra recompensa se encuentra
en el esfuerzo y no en el resultado.
Un esfuerzo total es una victoria completa.
Mahatma Gandhi.

En ciertas ocasiones nos sentimos tan abrumados por todo lo material que la vida pone a nuestro alcance que aprendemos a valorar las pequeñas cosas. Es mi caso. Puesto que desempeño una profesión tan expuesta al público como es la de presentar en televisión, aprecio pasar desapercibido y formar parte de la multitud. Curiosamente, en una sociedad en la que cada vez impera más el deseo irrefrenable por alcanzar cotas de popularidad a cualquier precio, yo opto por huir de eso. Motivo suficiente para que esta mañana me haya sentido tan a gusto siendo uno más de los casi 700 participantes que estaban en la salida de la Media Maratón Córdoba–Almodóvar del Río. Ahí era como el resto, un número. El dorsal 304.

Que conste que era mi primera media y, como tal, iba con los lógicos nervios de un novato. Por eso no quería dejar nada al azar. Anoche lo preparé todo y me fui a la cama inquieto, como cuando éramos niños y aguardábamos el día de Reyes por si nos traían el tan deseado barco pirata de Playmobil. Al amanecer he comprobado que no han pasado por casa los Magos de Oriente, pero sí una borrasca que me ha acompañado durante todo el camino hasta Córdoba.

Afortunadamente, la Ciudad de los Califas me ha recibido sin agua, pero amenazando lluvia. Allí no esperaba conocer a nadie, pero me he encontrado con agradables sorpresas, como las de Sofía y David, dos colegas de profesión; o la de un par de chavales que iban con una camiseta familiar para mí: la de Los Trotanoches de Guadix. Y dejaron constancia de nuestro encuentro en la web del club.

Estábamos Pablo, Óscar y yo preparados en la salida cuando, de repente, escucho una voz que dice algo así como: «Trotanoches. ¿Sois de Guadix?». Me giro y veo a un chaval y lo primero que pienso es: 'Cómo se parece al de Canal Sur de TodoDeporte. ¡Vaya! ¡Que es él!». Y pienso para mí: «Lo lógico es que la gente lo pare para saludarle y es él quien ha llamado nuestra atención. Parece buena gente». Después de charlar un ratillo con él y comentarle la razón de que dos cordobeses lleven la camiseta del club Trotanoches y de preguntarle cómo es que él conoce a la asociación (no sabía que era de Guadix), nos despedimos de él y le damos ánimo puesto que nos comenta que es su primera media (que, por cierto, le salió muy bien y a mí ya mismo me coge). Esto de las carreras, la verdad, es que crea adicción. Seguro que nos cruzaremos con él en más ocasiones.

Encontrarme con ellos me ha permitido relajarme un poco, y no agobiarme demasiado pensando en lo que tenía por delante. Pero en cuanto se dio el pistoletazo de salida, a las diez de la mañana, manos a la obra. Busqué alguien a quien pegarme como una lapa, que llevara un ritmo similar al mío. Aunque en esos primeros compases hay tanta gente que se hace complicado mantener una cadencia. Hasta me despisté y no pude ver la señal al paso por el primer kilómetro. A partir de ahí sí que pude llevar un cálculo exacto cada 1.000 metros, para tener referencias.

Mi sorpresa apareció cuando empecé a ver que los parciales eran muy inferiores a los seis minutos por kilómetro que yo había planteado en un principio. Quería ser precavido, por aquello de la primera vez, y no quedarme tirado en el temido kilómetro 15, del que todos me habían advertido. Pero los tiempos estaban bastante por debajo, y además las pulsaciones me indicaban que la cosa iba bien, no pasaba de las 165. Pero, por encima de todo eso, las sensaciones, increíbles.

Como decía antes, el sentirte parte de toda esa gente te convierte en un ser anónimo, como todos los demás. Eso sí, en algunos momentos, lógicamente, recibía de alguno que me reconocía las lógicas muestras de cariño. Gracias.

La media de Almodóvar discurre por la carretera que une la capital con esta localidad cordobesa. Un recorrido que en ocasiones va paralelo a la vía del AVE, y que durante la primera mitad pica ligeramente hacia arriba, pero que a partir del kilómetro 14 más o menos empieza a ser descendente. Además, ahí empiezas a ver el castillo en el horizonte, y tienes la sensación de que ya estás llegando. Por eso, y por lo bien que me sentía, decidí ser más ambicioso. Hasta entonces, como digo, había estado un poco reservón, pero tenía fuerzas… y ganas.

Tantas que a falta de un par de kilómetros di el golpe definitivo, y me lancé a por la meta. Estaba fresco. Además, la temperatura era ideal, 15 grados, y una fina lluvia que se agradece. Comencé a superar a algunos que me habían adelantado antes, y más de uno mostró su sorpresa al verme cómo les pasaba.

Ya en las calles de Almodóvar tienes una sensación similar a la que pueda vivir un maratoniano que llega al Estadio Olímpico en unos Juegos y se corona con la medalla de oro. Plenitud total. 300 metros, 200, 100… No quería que se acabara. Y llegué a la meta. Paré el reloj, miré y… 1 hora 50 minutos 21 segundos, ¡casi diez minutos menos de lo que esperaba!

El ganador, el marroquí Elourdi Mouruir, lo había hecho mucho antes que yo (1h03'01), lo que le valió para batir también el récord de la prueba. Pero quizás su satisfacción no era tanta como la mía por terminar por primera vez una media maratón. Él fue el primero. Yo, el 433. Era lo que deseaba, ser uno más.

Neftenga

(29/09/08)

Faltan 34 días

El deporte tiene la fuerza para cambiar el mundo.
Nelson Mandela.

Para los que no conozcáis el amhárico, la lengua oficial de Etiopía, Neftenga significa «jefe». No es casualidad que hoy te sorprenda con este curso acelerado de etíope en fascículos y con las tapas de regalo. Porque ése es el apodo de Haile Gebrselassie. No hay nada que le defina mejor, es como si el idioma hubiese querido hacerle su particular homenaje a este genial atleta. Y digo esto porque hoy he hecho mi entrenamiento de recuperación (40 minutitos muy recomendables al trote para soltar las piernas después de la media de ayer) pensando en la gesta de Gebre. Por primera vez en la historia un atleta baja de dos horas y cuatro minutos en una maratón. Lo logró en su carrera talismán, Berlín, uno de los trayectos más rápidos del planeta, con una topografía casi plana, una superficie homogénea y muy buena temperatura. No nos extraña que allí se hayan batidos los últimos tres récords del mundo (dos de Gebrselassie y uno de Paul Tergat).

2h03'59". Dos horas, tres minutos y 59 segundos. Un tiempo de otra galaxia, rebajando su anterior registro en 27 segundos. Para ello, marcó un ritmo endemoniado desde el principio. Su primer kilómetro lo hizo en 3:05. La media maratón en 1:02:04, 50 minutos más rápida que la mía de ayer. Y la segunda parte del recorrido, aún más veloz, cuando lo habitual es bajar el ritmo los últimos kilómetros. Pero no fue así. La sonrisa del etíope iluminaba la interminable avenida Unter den Linden, justo antes de pasar por debajo de la Puerta de Brandenburgo y parar el crono en una marca estratosférica. De leyenda.

Y a esas dos horas, tres minutos y 59 segundos no he parado de darle vueltas durante mi entrenamiento de hoy. ¿Conseguirá alguien bajar de las dos horas? ¿Hasta dónde está el límite del rendimiento humano? ¿Llegará un momento en que no puedan batirse más récords? Un estudio de unos matemáticos holandeses, basado en diversos cálculos que a alguien de letras como yo escapan, establecía el tope de la maratón en 2h04'06", siete segundos más de lo que ha hecho Gebre. Está claro que los avances en calzado, alimentación o biomecánica han mejorado el rendimiento. Pero después es el corredor el que tiene que mover su cuerpo.

Por eso sigo todavía maravillado por lo asombroso de este tiempo. Logrado por alguien trabajador, esforzado, que cree en sí mismo y que ha dado muestras de porqué es el jefe. A sus pies, Neftenga.

El día de la marmota

(30/09/08)

Faltan 33 días

Triunfar no consiste en vencer siempre,
sino en nunca caer en el desánimo.
Napoleón Bonaparte.

¿Te imaginas que te despertaras cada mañana en el mismo día? Así se resume la película «Atrapado en el tiempo». Bil Murray interpreta a un mezquino hombre del tiempo que, como cada año, tiene que ir a un pueblecito de Pensilvania para contar a todo el país «El día de la marmota». Su huraño carácter le hace verse encadenado al mismo día, el 2 de febrero.

Pues la ficción parece hacerse realidad, porque después de tres meses de duro entrenamiento, siento algo parecido. Los días empiezan a parecerse unos a otros, y la rutina cada vez es mayor. Siempre lo mismo: suena el despertador, te levantas, sales a correr por los mismos recorridos, no puedes variar la alimentación, ni siquiera los estrictos hábitos que me he impuesto. Soy como el Phil de la película. Y así pasan los días, las semanas, los meses… Yo también estoy atrapado en el tiempo, y parece que no puedo salir. Me encuentro en uno de esos momentos en los que el horizonte aparece nublado, borroso. La preparación empieza a hacerse algo pesada.

Es importante que nos impongamos rutinas de trabajo, para saber en todo momento qué debemos hacer. Siempre viene bien tener cierta mentalidad alemana, pero en ciertas ocasiones debemos sacar el espíritu latino que tenemos para pelear contra el tedio y el aburrimiento.

Hoy han sido las obligaciones laborales las que me han sacado de esa rutina. Tenía que viajar a Madrid y, como siempre, lo he hecho con mis zapatillas a cuestas por si había un huequecito para salir a rodar. Y lo ha habido. He aprovechado que mi hotel estaba justo al lado de El Retiro para cambiar de aires. Siempre viene bien, y más cuando llevas tanto tiempo de preparación pateando los mismos caminos. Lo necesitaba, ha sido un soplo de aire fresco. 70 minutos para conocer este parque y darme cuenta de lo grande que es. Además, un pequeño paréntesis «gastrointestinal» (que no describiré a fondo para no dañar tu sensibilidad) me ha permitido conocer también mi capacidad de supervivencia. Evito dar más detalles. Superado el escollo «digestivo», he rodado fluído, cómodo, pensando en que aún queda todavía mucho por entrenar, pero que ya se han superado tres meses. Y que queda sólo uno. Nada, comparado con lo que ya llevo en la mochila.

Y lo mejor es que, mañana, cuando despierte, habré acabado con esa sensación de rutina. Y ya no será el Día de la marmota.

OCTUBRE

El gato con botas

(01/10/08)

Faltan 32 días

Y cuando pase el tiempo, recordaréis vuestras hazañas
y podrás decir con orgullo: yo estuve allí.
Henri Desgrange.

Fíjate si será importante el calzado que hasta el minino más famoso del mundo, el personaje salido de la imaginación de Charles Perrault, llevaba botas. Con ellas, impresionó al mismísimo rey para que su amo, el imaginario Marqués de Carabás, embaucase a la princesa. Yo no tengo pretensiones tan palaciegas, pero sí deseo conquistar a una bella dama de regio linaje como es la maratón. Y para ello, igual que en la fábula, no se puede ir descalzo. Necesito un buen par de zapatillas.

Más allá de la camiseta o los pantalones, las zapatillas son la parte más importante del equipamiento deportivo, por cuanto suponen una prolongación del pie. Y es que con ellas tocaremos el suelo millones de veces durante nuestra preparación y efectuaremos unos 30.000 impactos (en tres posiciones: contacto con el suelo, posición media y despegue) a lo largo de una maratón de cuatro horas. Creo que con este demoledor argumento se ha convencido hasta el mayor escéptico para que se gaste algo más de dinero en un buen par de zapatillas. A la larga es una inversión rentable, te lo aseguro. Pero, ojo, no pretendo que gastes un riñón comprándote las más caras, sino aquellas que mejor te vengan, eso sí, sin escatimar un euro. Ya verás cómo te compensa.

Después de tres meses y cientos de kilómetros con mis ya gastadas zapatillas, hoy tocaba desprenderme de ellas y acercarme a la tienda de deportes para comprar unas nuevas. Es imprescindible ir a un lugar de confianza, para estar seguro de que las recomendaciones que te harán son las más adecuadas y «que no te den gato por liebre». En Running Way yo no tengo problemas. Me pongo en manos de Fernando porque sé que, como gran corredor de medias maratones, es un experto en la materia. Y lo que a él le va bien a mí también me funcionará.

Lo fundamental para una buena elección es no dejarte llevar por el diseño. Hay marcas deportivas bastante agresivas en este aspecto, capaces de hacer modelos muy atractivos pero que pueden devenir en lesiones. Y tenemos que recordar que la misión de unas buenas zapatillas no es combinar perfectamente los colores con el resto de nuestra equipación, sino amortiguar, absorver el impacto de nuestras articulaciones con el terreno, y dar estabilidad. Así que tenemos que dejarnos llevar por aquellas marcas que, más allá del diseño, gastan millones en investigación para prevenir lesiones, innovando con nuevos materiales absorventes. No olvidemos que las zapatillas son como las ruedas del coche: un Ferrari, sin unos buenos neumáticos, es como un Seat.

Antes de decantarme por una u otra zapatilla, hay que determinar nuestro tipo de pisada y, por tanto, cuáles son los modelos que más se adaptan a ti en función del peso, el sexo, los kilómetros semanales, etc. Se puede hacer, por el método tradicional, observando por dónde se desgasta más la suela de la zapatilla, si es por el interior o por el exterior. Aunque la manera más precisa es subiéndote a un artilugio que precisa si eres pronador (como es mi caso, mi pie hace un movimiento neutro, de la parte exterior del talón hacia la parte delantera del pie para terminar apoyándose en el dedo gordo) o supinador (balancear el pie hacia fuera). Esta última y la sobrepronación pueden derivar en lesiones de cadera, espinillas o tobillos, además de sobrecargas musculares si no se tratan a tiempo. La mejor manera de prevenirlas es acudiendo a un podólogo para que te recomiende unas plantillas que lleven el pie a su posición natural. Aunque también trabajar la técnica de carrera o elegir la zapatilla adecuada permitirán conseguir una pisada adecuada y que los músculos se fatiguen menos y absorvan mejor el impacto.

Tener en cuenta todas estas variables son garantía de éxito. Elegir la zapatilla que mejor se adapta a tus características evitará cualquier problema. Eso sí, una última advertencia: debemos usarlas progresivamente, y ni por asomo hacerlo el mismo día de la maratón, para que no aparezcan las dichosas ampollas y rozaduras. Yo acabo de estrenar las mías, y me he sentido como el gato con botas.

Los pies

Por José Algaba del Castillo,
Podólogo y profesor del Master «Podología Deportiva» de la Universidad de Barcelona

Maratón: ¡cuántas historias, leyendas, esfuerzos, alegrías y sinsabores encierra una sola palabra! A cualquier persona que le hables de ella le sugerirá alguna idea y, en la mayoría de los casos, tienen que ver con la épica y el sufrimiento, la valentía, el trabajo por conseguir una meta.

Si nos adentramos en un ámbito más especializado, en el del deporte, la maratón es sinónimo de todo eso y más: afán de superación, entrenamiento, diversión, preparación. La carrera de maratón supone uno de los mayores retos a los que puede enfrentarse un deportista sin necesidad de instrumento alguno más allá de su propio organismo. Y por eso lo prepara y lo mima para llegar en las mejores condiciones posibles para afrontar esos primeros metros de nerviosismos y puesta en marcha de la maquinaria o los últimos kilómetros con el ansia de llegar a la meta lo antes posible y pasar el castigo al que nos sometemos, pero sobre todo para saborear la felicidad de un objetivo cumplido.

Pero casi siempre nos olvidamos de una parte fundamental e imprescindible para poder llevar a cabo y sentir todo eso de lo que hemos hablado: los pies. Los grandes olvidados de esta máquina que es nuestro cuerpo. Los pies hacen posible que el esfuerzo de corazón, pulmones, músculos y cerebro merezca la pena; nos permiten avanzar y sentir lo que pasa bajo nosotros. Nos soportan, desplazan y hacen que el sistema cardiocirculatorio realice su trabajo a la perfección. Le damos gran importancia, incluso, al hecho de llevar guantes en las manos por si el día se presenta frío, pero no tanto al hecho de saber si nuestros pies están en condiciones de soportar el peso de nuestro cuerpo durante algo más de 42 kilómetros; si podrá con los miles de pasos que deberá realizar durante la carrera; si las zapatillas donde irán enclaustrados son las adecuadas para mimarlos o se convertirán en un elemento más de tortura.

Por eso es de agradecer que personas como Rafa Vega, que saben de las repercusiones que tienen unos pies sanos, le den la suficiente importancia como para que tengan su espacio en este libro y para que ningún maratoniano se olvide de que para llegar a la meta sus pies son los mejores aliados con los que contar para que todo suceda como ha previsto miles de veces antes de correr.

Por último, dejaros una frase como recuerdo: «Caminante, se hace camino al andar».

Cabos sueltos

(02/10/08)

Faltan 31 días

Ser o no ser, ésa es la cuestión
William Shakespeare.

Con la hoja que acabo de arrancar del calendario, sólo quedan 31 días. Esto es, justo un mes para escuchar el «New York New York» en la salida de la maratón, de sentir algo que he imaginado miles de veces. Pero cuanto menos queda, más dudas me asaltan. Como en el famoso soliloquio shakesperiano, me siento un poco Príncipe Hamlet. Tengo certezas, pero no verdades absolutas. Me hago preguntas, y no encuentro respuestas. Quizás para celebrar lo cerca que estamos del gran día, ando algo perdido y necesito encontrarme.

El gran día es inminente, así que he hecho introspección para buscar dentro de mí y saber si las cosas se están haciendo correctamente. Toda esta aventura ha sido un mundo por descubrir, y gracias a los consejos de los que ya la habían saboreado, he logrado sobrevivir. Pero últimamente me encuentro en un continuo cruce de caminos, decidiendo qué dirección tomar y sin tener la seguridad de cuál es la correcta. Y a estas alturas sería demasiado tarde darte cuenta de que estás en la ruta equivocada, porque no hay marcha atrás, el tiempo no corre a mi favor.

Todo eso martillea mi cabeza, y se está convirtiendo en una obsesión. Durante la hora y media de entrenamiento hoy no he parado de darle vueltas. Y me impide disfrutar plenamente esta experiencia. Sube el nivel de exigencia, baja la satisfacción. Aún se acrecienta más con las extrañas sensaciones que tiene mi cuerpo estos días. Lo he sometido a duros entrenamientos, algo que nunca había experimentado, durante 90 días, y en cualquier momento mi organismo podría decir basta. Me siento débil, y parece como si todo fueran goteras: una molestia por aquí, un pinchacito por allá, la dichosa ampolla con la que llevo conviviendo una semana... Vivo rodeado de antiinflamatorios, cremas para evitar las rozaduras y bolsas de hielo. Tengo más cornadas que un torero, y eso que decían que el deporte era sano.

Dudo respecto a la preparación, a si he entrenado lo suficiente o me he excedido. Si el ritmo era el correcto o podía haberme exigido más. Y, sobre todo, de mi capacidad de sufrimiento, si será suficiente para los 42 kilómetros. Quizás son demasiados cabos sueltos. Me miro en el espejo y me veo reflejado preguntándome a mí mismo: ¿Soy o no soy? Ésa es la cuestión.

Un día maratoniano

(08/10/08)

Faltan 25 días

Si te sientas en el camino, ponte de frente a lo que aún has de andar y de espaldas a lo ya andado.
Proverbio chino.

Calificar algo con el adjetivo «maratoniano» le hace adquirir claras connotaciones de inabarcable e interminable. Su imagen la relacionamos con la del esforzado corredor que tiene que sufrir para alcanzar su meta. Por eso, basta colocarlo al lado de cualquier sustantivo y el tamaño de éste crece de forma exponencial. Una comida se convierte en maratoniana cuando se alarga horas y horas. Un acto de entrega de premios maratoniano es tedioso y pesado por su duración. Pues yo he tenido un día maratoniano, largo y duro. Empezó muy temprano, a las ocho y media, y por eso ha dado para mucho.

Ando enfrascado junto a mi amigo Gámiz en la realización de tres reportajes sobre la maratón, que se irán emitiendo en televisión cada sábado hasta finales de mes. Y para ser más eficientes, los hemos grabado todos hoy. Tarea complicada, porque había que hacer bastantes entrevistas y en diferentes localizaciones. Pero todo ha salido tal y como estaba planificado.

A pesar de terminar más allá de las dos de la tarde, y tener la segunda parte de esta estresante jornada a la vuelta de la esquina, no podía dejar pasar el entrenamiento de hoy. Andaba justo de tiempo, porque en apenas hora y media había que cumplir con las obligaciones maratonianas, ducharme, comer y al curro. A regañadientes, me he puesto las zapatillas y a hacer series. Al final se agradece. Pero algunos días cuesta encontrarle un hueco a la preparación entre tanto trasiego. Para muchos de nosotros se nos hace difícil compaginar tantas actividades, además de atender los compromisos familiares y de todo tipo. Y, a veces, como hoy, el día se hace maratoniano. No hay mejor calificativo. Por eso me apunto un doble mérito.

Lleno, por favor

(09/10/08)

Faltan 24 días

Que la comida sea tu alimento y el alimento tu medicina.
Hipócrates.

Ojalá nuestras energías fuesen ilimitadas. Pero no es así. Por eso, cuando mi particular tanque de combustible empieza a entrar en la reserva, toca pasar por la estación de servicio más cercana y llenarlo hasta arriba. Hasta ahora, la gasolina que utilizaba era súper 95, pero desde hace tres meses tengo un motor diésel y utilizo ese carburante. Deja menos posos y es mucho más potente. Por eso, cuando antes el frigorífico estaba lleno de bebidas gaseosas, actualmente lo que hay es Powerade. El hueco que ocupaban en la despensa los donuts ha ido dejando paso a las barritas. Y el espacio reservado para las patatas fritas lo ocupan los geles energéticos.

Es difícil evitar tentaciones como ésas, cuando las tenemos en la cocina al alcance de la mano. Pero hay que renunciar a un hábito tan arraigado si queremos que el motor de nuestro organismo actúe a pleno rendimiento. Normalmente, nuestro depósito es capaz de almacenar gasolina para correr unos 30 kilómetros como máximo. Primero la grasa de nuestro propio cuerpo (no la que ingerimos en los alimentos) y después el glucógeno son el combustible que vamos gastando conforme corremos. Así que cuando se agotan hay que llenar el tanque.

Para eso, hay diferentes tipos de combustible, sólo hay que acostumbrar a nuestro aparato digestivo a ellos. No es complicado en el caso de las bebidas energéticas, con sabores tan agradables que las hacen, incluso, apetecibles. Tomarte un Powerade bien fresquito con sabor a limón en esta época, además de saciar la sed, repone las sales minerales perdidas, acelerando la recuperación. Todo lo contrario que con las barritas energéticas. Al ser sólidas, se hacen más pesadas durante la digestión. Así que me he decantado por los geles. No sabía de su existencia, hasta que recientemente alguien me habló de ellos. La primera experiencia resultó extraña para mi paladar, por esa textura gelatinosa que me hacía dudar entre masticarlos o beberlos. Resuelto el dilema, ya disfruto con total naturalidad de sus beneficios, como la rapidez de absorción por ser líquidos.

Mi éxito va a depender de ir bien cargado de esta gasolina maratoniana. Así que a llenar el depósito.

La chispa de los deportistas

Por Gabriel Dronda

Jefe de Relaciones Externas Rendelsur Coca-Cola

Si Coca-Cola es «la chispa de la vida», como rezaba aquella maravillosa campaña años atrás, Powerade es «la chispa de los deportistas», la bebida que les permite reponerse después de un importante esfuerzo, tras un intenso desgaste muscular.

Cada vez comprobamos que progresivamente el número de corredores que ingiere bebidas isotónicas es mayor. Porque, a pesar de que el agua es un líquido fundamental para los deportistas, en muchas ocasiones el consumo de una bebida específicamente elaborada para sus necesidades puede aportar beneficios superiores, proporcionando un recurso adicional de carbohidratos para el cuerpo. Powerade está diseñado para ayudar a reponer de forma rápida líquidos e hidratos de carbono necesarios para la actividad física. Además, proporciona energía y ayuda a evitar la deshidratación y a retardar la fatiga durante una actividad física intensa.

Está compuesto de agua (para compensar la pérdida de líquidos), hidratos de carbono (que aportan energía a los músculos) y sales minerales (facilitan la rehidratación). Y actúa durante el ejercicio físico (para prevenir la deshidratación, retrasar el comienzo de la fatiga muscular, aportar energía y mantener el rendimiento) y después (recuperando el agua y las sales que el cuerpo ha perdido).

Por eso, cuando te encuentres fatigado, échate un trago que te permitirá recuperar esa chispa.

Mea culpa

(10/10/08)

Faltan 23 días

La gloria más grande no está en nunca fracasar,
sino en levantarse cada vez que se fracasa.
Confucio.

Hoy mi cuerpo ha dicho basta, hasta aquí hemos llegado. Si alguna vez quería comprobar cuál era mi límite, hoy acabo de rebasar esa delgada línea roja. Y no es precisamente algo de lo que me sienta plenamente orgulloso, porque mi tozudez me ha llevado a poner en juego la maratón. Para colmo, estamos en puertas del fin de semana, por lo que no podré ver al doctor Beas hasta el lunes. Intuyo que las próximas tres noches me las voy a pasar dando vueltas en la cama pensando en si la lesión que tengo es tan grave como para no colocarme el dorsal en Nueva York.

Hasta este punto he llegado por ser tan testarudo. En ocasiones es una virtud, que me lleva a cumplir lo que me planteo poniendo todo el empeño que haga falta. Pero hay veces en que se convierte en un defecto, y así ha sido hoy. Por seguir la planificación al milímetro, me he roto. Una lesión quizás lógica si tenemos en cuenta que en esta fase de la preparación he metido más kilómetros, con lo cual el riesgo de padecer alguna es mayor.

Tocaba hacer la segunda media maratón de las tres que tenía en mente hacer. Pero desde el principio he sentido molestias. Y, en lugar de parar y correr los 21 kilómetros mañana, me he ceñido al plan sin contemplaciones. Lo que en un principio era un leve pinchazo en el adductor izquierdo, poco a poco se ha ido haciendo más agudo.

Creía que no tendría problemas en terminar, que mi cuerpo sería capaz de soportarlo. En definitiva, he confiado excesivamente en mis posibilidades, y estos errores se pagan. Quizás ese exceso de confianza se debiera a que las cosas hasta ahora habían ido rodadas. De hecho, la primera media que hice la bordé. Así que pensé que esto iba a ser coser y cantar. Pero nunca le debes perder el respeto a la maratón.

Para hacer las cosas aún más difíciles, hoy no he tenido apoyos de ningún tipo, a diferencia de Almodóvar. Entonces corríamos 500 personas, había puestos de avituallamiento, gente por las calles animándote… Esta vez he estado solo, con lo cual los problemas se agravan. Eres tú contra ti mismo, corriendo y sin parar de pensar en ese dolor que acaba de hacer acto de presencia.

Con un día como éste, se te quitan las ganas de todo. De correr, de seguir entrenando, de ir a la maratón… Una situación a la que he llegado por mi mala cabeza. Por no haber parado a tiempo, por no hacer los ejercicios de abdominales en su momento, para fortalecer esa zona; por forzar más de la cuenta. Por todo eso, entono el mea culpa, estoy dispuesto a purgar mis pecados con tal de recibir cuanto antes la absolución.

El descanso del guerrero

(12/10/08)

Faltan 21 días

La cometa se eleva más alto en contra del viento, no a su favor.
Winston Churchill.

Es fiesta en toda España. Tal día como hoy, de 1492, Cristóbal Colón conquistó América. 516 años después yo también he hecho mi particular descubrimiento: descansar es fundamental. Hubiera preferido que este hallazgo hubiese sido casual, como el del navegante genovés, cuando avistó tierra americana pensando que había llegado a las Indias. Pero la realidad ha sido bien distinta. Apenas a tres semanas del gran momento, había que tomar conciencia de que hay que ir parando, reduciendo el ritmo para no correr riesgos. Y no lo he hecho. De los errores se aprende, dicen. Esperemos que sirva para el futuro y que me permita valorar el objetivo cuando lo consiga. Es el peaje que hay que pagar.

Llevo ya dos días seguidos de descanso obligado, y me espera alguno más rodeado de bolsas de hielo y antiinflamatorios. Lo tengo bien merecido. Aunque no hay mal que por bien no venga, y tengo que reconocer que no estaba haciendo las cosas bien. A estas alturas de la preparación, con mayor carga de kilómetros y de intensidad, el riesgo de lesión era mayor. Y a la primera señal de aviso tenía que haberme parado. Aunque el impulso por entrenar o el miedo a perder la formar por saltarme un día de entrenamiento me ha provocado esa ansiedad por seguir corriendo sin hacerle caso a mi cuerpo.

Pero los malos estudiantes somos así. Lo dejamos todo para última hora, y lógicamente me faltan algunos temas por repasar. Si hubiera empezado con suficiente antelación, ahora tendría tiempo suficiente para ir reduciendo los entrenamientos. Es lo que me ha pasado, voy justito de preparación y me tocaba empollar ahora más de la cuenta, como cuando en época de exámenes te quedabas por la noche hasta las mil mirando los apuntes. En la asignatura de descansar he cateado, aunque para septiembre ya he aprendido la lección: no podemos olvidar que un buen programa de entrenamiento debe incluir días de descanso. Es clave para estar luego bien cuando sales a correr. No hacer nada de ejercicio, dormir, llenar la despensa de hidratos. Te puedes saltar una sesión de entrenamiento dura, pero nunca un día de descanso. Cada fracaso es una lección por aprender para llegar al éxito.

¿Qué me pasa, doctor?

(13/10/08)

Faltan 20 días

Podemos quedarnos aquí (...) o bien podemos luchar
y abrirnos paso de nuevo hacia la luz.
Al Pacino (*Un domingo cualquiera*).

Después de un par de días de descanso forzoso hoy tampoco me he atrevido a ponerme las zapatillas. El palo del viernes fue duro, y no tengo fuerzas para salir a correr. Llevo dándole vueltas todo el fin de semana, y todavía me corroe la duda de si tenía que haber parado al sentir las molestias o el hecho de seguir a pesar del dolor ha sido una prueba para comprobar cuáles son mis límites, mi umbral de sufrimiento. Ahora mismo me decanto más por la primera opción. Porque el ver hasta dónde puedo llegar igual me deja sin correr la maratón. Quedan menos de tres semanas y ahora habrá que ver si se alarga mucho el proceso de recuperación.

Así que no hay nada mejor que ponerse en manos de los especialistas, de los que verdaderamente saben de esto. Y, afortunadamente, puedo presumir de que algunos de ellos se encuentren cerca. El primero, Juan de Dios Beas, del que ya te he hablado. Nada más empezar esta jornada de regeneración he acudido a su consulta para determinar el alcance de mi lesión. Efectivamente, la ecografía ha confirmado mis peores temores. Diagnóstico: «sobrecarga muscular en el adductor izquierdo». Pero, como siempre, el doctor me ha calmado. Tratamiento: «aumentar los ejercicios de estiramiento, potenciar la musculatura abdominal y masoterapia de descarga».

Y ahí que vamos, a la consulta de Juan Luis Balboa, un fisio de los buenos. No sólo por sus manos, sino por sus buenos consejos. Además de masajear la zona dañada, ha aplicado calor y después ha procedido a «empapelarme» el adductor con el taping. Unas tiras de colores que seguro las habrás visto en algún deportista. Yo no creía mucho en ellas, pensaba que eran sólo una moda. Pero son milagrosas. Porque no impiden la movilidad, y poco a poco regeneran el músculo dañado.

La última etapa de este intenso día de recuperación ha sido una sesión de balneario que ha terminado de arreglar las piezas que tenía en malas condiciones. Como si hubiera ido al taller, el mecánico ha dado con la avería para proceder a sustituir las partes dañadas. El vehículo está ya en perfecto estado de revista, así que toca otra vez sacarlo del garaje y volver a hacer kilómetros. Con precaución, eso sí.

Escucha a tu cuerpo

Por Juan Luis Balboa López, fisioterapeuta-osteópata, colaborador de la Real Federación Española de Atletismo

Mi carrera profesional como fisioterapeuta ha estado marcada por la relación que he tenido con el mundo deportivo desde mis inicios, y muy especialmente con el atletismo tanto amateur como profesional. El ejercicio físico es fundamental en una sociedad tan sedentaria como la nuestra, siendo ésta la razón por la que animo a mis pacientes (una vez recuperados de sus lesiones) a que se inicien en alguna actividad física, si no lo estaban haciendo hasta ese momento. Les suelo decir que al principio es suficiente con andar y trotar para adaptarse, aunque sea dos o tres veces por semana unos 20 minutos, ya que lo importante es habituarse, tener regularidad, constancia, progresión y sobre todo, empezar a disfrutar del ejercicio físico.

En el deportista profesional las exigencias físicas son mayores, su trabajo diario va rozando el límite, está sometido a una presión constante, siempre con el crono en mano, se necesita una gran fortaleza física y mental para soportar el cansancio, el agotamiento, los fracasos. Pero cada día de la semana, del mes y del año, vuelve al entrenamiento haga frío, calor, llueva o nieve. Igual que después de cada competición aunque no se obtengan los objetivos marcados. Es una vida dura que requiere un gran esfuerzo, pero también tiene importantes recompensas cuando hay talento y un trabajo bien hecho, además de los triunfos que se puedan obtener.

Este alto nivel deportivo necesita de la mirada atenta y continua del fisioterapeuta, ya que es fundamental el trabajo preventivo y para ello se necesita conocer bien al atleta, su programación, sus puntos débiles y las incidencias físicas de su actividad deportiva, entre otras cosas. Así, se crea un vínculo profesional entre atleta y fisioterapeuta que será muy importante en el desarrollo y progresión del deportista de élite, ya que nos permitirá instruir al atleta en esta acción preventiva. Se trata de aportarle conocimientos con objeto de que no sea dependiente del fisioterapeuta pero con la suficiente capacidad para saber cuando algo no va bien y cuál es el momento de consultar al profesional antes de lesionarse o que la lesión se agrave.

Además del masaje de recuperación o descarga, las sesiones de estiramientos… yo suelo concertar una sesión al mes para trabajar su estado global corporal revisando, compensaciones, hiperprogramaciones, etc., que aparecen en ese atleta en concreto, y que ellos denominan de una forma coloquial «una puesta a punto», pero se trata más bien de una parte de esa labor preventiva.

No obstante, no debemos olvidarnos de ciertos detalles obvios, tanto para los deportistas profesionales como para los amateurs, ya que de todos es sabido que a medida que mejoramos nuestro rendimiento deportivo (sobre todo en las carreras de fondo) ese incremento del rendimientos cardio-pulmonar no siempre es paralelo a la mejora del sistema músculo-esquelético sino, generalmente todo lo contrario. Como ya sabemos, el sistema muscular y articular necesitan regenerarse y recuperarse, pero un alto porcentaje de deportistas que acuden a la consulta del fisioterapeuta por lesión suelen repetir la frase «cuando mejor estaba de forma física me he lesionado».

Existen una serie de medidas conocidas por todos, como el ejercicio complementario en gimnasio, la programación de la carrera, el masaje recuperador, ¡los estiramientos!, etc., pero también es fundamental que el atleta aprenda a escuchar a su propio cuerpo, pues son numerosas las ocasiones en las que nuestro cuerpo saturado nos envía señales de alarma previas al momento de producirse la lesión deportiva. En estos casos nos compensará más reducir la intensidad de entrenamiento o consultar a un profesional antes que tener que parar de forma obligada por lesión.

Y, sobre todo, disfrutad del deporte y escuchad a vuestro cuerpo.

Recuperando sensaciones

(14/10/08)

Faltan 19 días

Si me caigo siete veces, me levanto ocho.
Proverbio chino

Sinceramente, estaba asustado, aterrado. Sólo plantearme la remota posibilidad de que la lesión me impidiera estar en la línea de salida de la maratón me provocaba pánico. Tantas ilusiones puestas, tanto sacrificio... Durante estos días se me han pasado muchas imágenes por la cabeza, y en algunas de ellas no me veía en Nueva York. Las dudas nos provocan inseguridades, y ahí aparece el miedo, que nos atenaza.

Afortunadamente, mis ganas y los tres días de descanso que me he autoimpuesto han tenido un importante efecto sanador: vuelvo a ser yo. Mientras me ataba los cordones de las zapatillas no tenía la certeza de estar del todo recuperado. Está claro que somos un misterio incluso para nosotros mismos. Pero, de repente, sacamos lo mejor que tenemos sin saber de dónde. Cuando más abajo había caído mi ánimo, he logrado salir adelante. Hay que sacar lo positivo de todo esto: la capacidad de superación del ser humano.

Gracias a eso, hoy he vuelto a disfrutar corriendo. Sin ninguna molestia. Como hace cinco días, justo antes de lesionarme. Aprovechando que andaba por Guadix me he encomendado a Paquillo, que me ha propuesto acercarnos a un circuito que está a unos 10 kilómetros de casa. Él todavía disfruta de sus merecidas vacaciones, y yo ando en mi pico de preparación, con lo que más o menos podemos ir al mismo ritmo. Si fuese al contrario, me sería imposible seguir su estela. Así que él a marchar y yo a correr con las típicas y lógicas precauciones posteriores a la lesión.

Hemos elegido un recorrido bastante agradable, por una carretera comarcal sin apenas tráfico, que serpentea cuesta arriba en paralelo a unos terrenos que a esas horas reciben la visita de los esforzados agricultores. Ellos y algún que otro conductor despistado nos saludan a nuestro paso y jalean al campeón: «Ese Paquillo bueno!».

Esos ánimos, correr junto al mejor atleta español del siglo XXI y mis propias sensaciones me han ayudado a volver a sentirme bien. Es buena señal. Obstáculo superado.

De resaca

(17/10/08)

Faltan 16 días

Solía ir a hacer footing, pero los cubitos de hielo se me salían del vaso.
David Lee Roth (Cantante de Van Halen).

La ingesta de alcohol no es algo que recomiende a nadie. Mucho menos si al día siguiente tienes que salir a correr una hora. Ambas advertencias tendrían mayor fundamento y credibilidad si el que las hace no hubiese incurrido en sendas equivocaciones anoche. Por eso, una vez hecho examen de conciencia, escribo esto como propósito de enmienda. Nunca más cometeré tal error, aunque digan que una vez al año no hace daño.

Quizás me cogió con las defensas bajas. Quizás necesitaba evadirme, después de tres meses y medio viviendo como un monje tibetano. Puede ser que lo hiciese para olvidar las penas... Pero voy a proclamar a los cuatro vientos la tajante afirmación que suele realizarse las horas posteriores al generoso consumo de bebidas espirituosas: la última vez que bebo!

En mi defensa debo decir que, por esa exigencia casi marcial que me impongo, no podía saltarme el entrenamiento de hoy. A pesar de mi beodo estado, tenía planificada una hora y había que cumplirlo a rajatabla. Pero mejor que me hubiera quedado sin salir, porque el espectáculo que he dado por las calles ha sido circense. A los 30 minutos ya iba con la lengua fuera, y sólo he podido aguantar 10 más. Está claro que mi cuerpo sigue destilando alcohol, porque mi sudor olía a ginebra. Así que lo mejor será volver a casa, estrujar la camiseta en un vaso… y añadirle un poquito de tónica. Venga, la penúltima…

Efecto mariposa

(18/10/08)

Faltan 15 días

El simple aleteo de una mariposa puede cambiar el mundo.

Siempre me ha fascinado el pequeño poder que tenemos cada una de las personas. Creo firmemente en que la energía que emanamos, por mínima que sea, puede provocar alteraciones en aquellos que están a nuestro alrededor. Somos capaces de generar estados de ánimo en los demás, de contagiar ilusión, optimismo o amor con una simple mirada; pero también rencor y egoísmo con un sólo gesto. Me quedo con la parte positiva de esta poderosa arma que poseemos los seres humanos. Son esas pequeñas cosas las que pueden cambiar el mundo. Igual que una mariposa al desplegar sus alas es capaz de provocar un tsunami en el otro extremo del planeta, nosotros mismos tenemos la aptitud de desencadenar un huracán a nuestro alrededor. El aleteo de mi particular mariposa en Nueva York hace casi un año me permitió encontrar la inspiración en los corredores que terminaban la maratón. Desde entonces, y sin haber corrido jamás, he confiado ciegamente en mis posibilidades de acabar los 42 kilómetros.

Incluso lo puedes comprobar contigo mismo. Depende cómo veas el vaso, tendrás una percepción distinta de las cosas. Prueba a tenerlo siempre medio lleno y estarás en disposición de culminar cualquier reto que te propongas. Eso se llama motivación, está dentro de cada uno de nosotros, y es lo que me ha traído hasta aquí: tengo plena convicción en lo que estoy haciendo.

Esa motivación es la que me mueve los días que estoy cansado o no tengo ganas de entrenar. La mera visualización de la meta en Central Park me arrastra como un poderoso torbellino a ponerme las zapatillas. Incluso en los entrenamientos, muchas veces, utilizo esa imagen para no decaer. Me veo por las calles de Nueva York, con los brazos en alto, arengado por la muchedumbre. Y entonces, cuando vuelvo a la realidad, ya no puedo parar de correr. Otras veces son factores externos los que me arrastran: cruzarte con algún conocido que te anima con un simple «vamos!», rodar por un nuevo recorrido, estrenar zapatillas… Pequeños detalles que te dan energías cuando más las necesitas. Son esas mariposas que, cuando echan a volar, pueden cambiar también mi propio universo.

Vaya subidón

(19/10/08)

Faltan 14 días

Por si no tenía poca motivación, acabo de recibir esta recarga extra. Un subidón en toda regla. He abierto el correo y me he encontrado con este e-mail de mi amigo José Carlos Jaenes. Espero no traicionarle por publicar este mensaje privado.

> Hola Rafa:
>
> Acabo de correr en el Central Park una hora y media con dos series de 1 milla por debajo de cuatro minutos. Había una carrera y no veas el ambientazo. Los árboles del parque están de colores y el día, aunque fresco, es precioso. Imagínate el ambientazo que hay. Ya queda menos, de verdad que esta ciudad es una maravilla. Pero menudas cuestas, es algo que casi se me había olvidado. Dale recuerdos a todos en el viaje y diles que NY les espera con los brazos abiertos.
>
> Un abrazo desde la ciudad de los rascacielos y las sorpresas
>
> PD: Que disfrutes tu primer maratón. No podías haber elegido mejor sitio del mundo para dejar de ser virgen. Es como elegir a la más guapa de la Facultad.

Que alguien tan especial como José Carlos me dedique estas palabras es increíble. Son apenas 11 líneas. 137 palabras con una carga afectiva y emotiva brutal. Apenas a dos semanas para la Maratón han sido el empujón definitivo. De verdad. Gracias, José Carlos.

La meta es el final, el final es el principio

Por José Carlos Jaenes,
Maratoniano y psicólogo del Centro Andaluz de Medicina del Deporte

He viajado bastante, ha sido una pasión en mi vida, pero no hay muchos lugares en el mundo como un parque en una ciudad americana, y esas hojas de colores rabiosos: amarillos, rojos, verdes, ocres, la mejor paleta del pintor más exigente. Nada se parece al calor humano que acompaña durante cada yarda tu esfuerzo, que aplaude tu sudor, tus sueños de cruzar la meta... llegar a la manzana pintada en el asfalto tras la línea final de la Maratón Nueva York. Imagina una meta deportiva: ¡Voy a correr la maratón!

Cuando sólo tenía 16 años vi por televisión las carreras de los Juegos Olímpicos de Munich'72. Corrían Lasse Viren, Frank Shorter y muchos otros. Aquello cambió mi vida para siempre. Quería ser corredor. Fue el motor, mi motivación, ha sido el camino que ha marcado mi vida, me ha llevado a las maratones de más de 12 ciudades del mundo.

Una maratón es la meta, es el principio. Imagínate la alegría, las sensaciones y emociones que vas a vivir cuando estés corriendo para conseguir terminar la maratón: entrar en el Central Park o cruzar la línea de llegada del Estadio Olímpico de Sevilla no tiene precio; el esfuerzo diario, entrenar día a día es la meta. Aprenderás sobre el esfuerzo, sobre ti mismo, no podrás creer lo que tienes dentro.

Hay una pregunta que debemos hacernos alguna vez en la vida: ¿puedo hacer algo que no todo el mundo se plantee? Eso te hará diferente, eso te convertirá en una persona especial. Si alguna vez hemos querido hacer algo distinto y a nuestro alcance, es una oportunidad única, llevar tu cuerpo al límite y preguntarte: ¿por qué no puedo conseguirlo?

Eso es lo que hacemos los maratonianos, correr cada dia, no contra viento y marea, sino contra nuestras limitaciones, contra las ganas y las desganas, contra el tiempo y las comodidades; esas horas perdidas estarán más llenas que nunca. Los vacíos, llenos.

Rafa Vega, el autor de este libro, dice que siempre recordará mi paso por el Central Park en la Maratón de Nueva York 2007. Vivencias como éstas son una gran motivación, somos referentes para otros, nos ayuda a sentir la maravilla de terminar una carrera mítica, de recordar las grandes gestas de la maratón; por un rato somos Spiridon Louis, Bikila, Shorter, Carlos López, Rosa Mota, Grete Waitz, Radcliffe, Gebresselassie, Fiz o Antón. Date una oportunidad, busca una meta: lucha contra la pereza. Si aún te queda rebeldía en el cuerpo... Atrevéte, disfruta por entrar en el mundo de los privilegiados que han corrido una maratón.

I'm back

(20/10/08)

Faltan 12+1 días

Cuando pierdes, no te fijes en lo que has perdido,
sino en lo que te queda por ganar.

He vuelto. Y lo he hecho a lo grande. Llevaba días sin tener buenas sensaciones, y por fin hoy las he recuperado. Todas. Nuestro cuerpo (y también la mente) es tan caprichoso que a veces no funciona como uno quisiera. Le das al botón de encendido, pero le cuesta arrancar, no termina de carburar. A mí me ha pasado lo mismo. Es más, como ya he comentado, en la última semana me empiezan a surgir dudas de si realmente estoy bien preparado. Pero el comienzo de mi última semana de entrenamiento duro no ha podido ser mejor. Será que los días de descanso han venido bien para que las molestias terminen de remitir. O quizás también que el hecho de ver tan cerca el gran momento me motive todavía más. Justo dentro de una semana, a esta misma hora, ya habré aterrizado en Nueva York. Qué poquito queda… Esos últimos días, como mandan los cánones, los aprovecharé para rodar un poquito, pero sin grandes cargas. Por eso esta semana me tengo que esforzar al máximo. Desde hoy mismo. Así ha sido. Me había planteado salir 50 minutos por un circuito que descubrí hace poco con bastantes cuestas. Pero las piernas me han respondido, y el hambre de entrenamiento también, y he llegado hasta la hora y diez. De menos a más. Arrancando con cautela, porque no sabía cómo respondería, pero sintiéndome cada vez mejor y devorando kilómetros. Da gusto sentirse así. Otra vez. Lo dicho, he vuelto.

Libre

(21/10/08)

Faltan 12 días

El hombre está condenado a ser libre.
Jean Paul Sartre.

La sociedad en la que vivimos nos impone ciertas consignas: el modo de vestir, de comportarnos, de relacionarnos... Y a veces hay que romper con todo eso. Sé libre. Es una forma de reafirmación personal, de sentirte liberado por todos esos condicionantes sociales y culturales. Hoy mi cuerpo me pedía acabar con la rutina, decidir a dónde quería ir y cómo quería hacerlo.

Después de entrenar casi cuatro meses por los mismos lugares y prácticamente con la misma temperatura (25-30 grados) había que darle un giro al hábito. Por eso le he sido infiel a las rutas a las que he sido asiduo cada día y hoy he elegido un camino de tierra que me habían recomendado, que va justo en paralelo al río. Al lado de la ciudad, pero como si estuvieras en plena naturaleza. Todo tipo de plantas, de matorrales. Hasta caballos, que salen a pastar por estos lares.

Da igual que esté lloviendo a cántaros en esta húmeda mañana de otoño. Venga! El movimiento se demuestra andando, en nuestro caso corriendo. No ganaba nada quedándome en casa viendo las gotas deslizarse por la ventana. Me pongo las zapatillas, y a pisar charcos como un niño. No importa que te empapes, que la gorra ya no te proteja la cabeza de lo mojada que está. Correr te hace libre. No dependes de nadie, sólo de ti, de tus fuerzas, de tus ganas, de la motivación. De todo eso me sobra.

Y por si fuera poco, hoy he probado un nuevo artilugio como acompañante: una grabadora con la que he ido hablando estos 70 minutos, comentando mis impresiones. Es como si mantuvieras una conversación con alguien, sólo que el interlocutor no te responde. Pero te entretienes. Y la gente te mira con cara de asombro pensando en si estás cuerdo o acabas de salir de un manicomio. Me da igual. A mí me ha servido como experiencia y también para demostrar que puedo seguir hablando cuando llevo más de una hora corriendo. Me ha servido como estímulo y también ha sido purificador. Soy libre. Como el ave que escapó de su prisión y puede al fin volar.

Sin papeles

(22/10/08)

Faltan 11 días

Utiliza tu imaginación, no para asustarte,
sino para inspirarte a lograr lo inimaginable.

Muchas veces me abruma la capacidad de tanta gente, capaz de dejar atrás sus vidas por encontrar una mejor. De cruzar a oscuras el océano a lomos de una balsa neumática con la certeza de que el amanecer les traerá una nueva oportunidad en la tierra prometida. A ellos los llamamos «sin papeles», con leve aire despectivo. Les miramos con desdén e, incluso, nos aprovechamos laboralmente de sus ganas. No tendrán papeles, pero sí un sueño que realizar, la aspiración de una prosperidad que les devuelva a casa con sus seres queridos. De verdad que les admiro por esa voluntad de hierro. Y te pido a ti que a partir de ahora les trates como lo que son, como personas. No les regatees 50 céntimos de un CD por mera diversión. Para nosotros eso es un juego; para ellos es el pan.

Algún día yo también, salvando las evidentes y tristes distancias, me he sentido un «sin papeles». Hoy, por ejemplo. Te pongo en antecedentes: tan entrados como estamos en el mes de octubre, ha llegado el momento de las tiradas largas y las carreras de larga distancia. Lo suyo es que las hagas en medias maratones organizadas, con sus avituallamientos y el buen ambiente que se respira. Pero en mi caso, por motivos laborales, el trabajar habitualmente los domingos por la mañana me lo impide. De ahí que me las tenga que organizar por mi cuenta. Sin rellenar hoja de inscripción ni tener que ponerme los imperdibles para sujetar el dorsal.

No sólo por mi carencia de documentación soy un «sin papeles». Muchos de mis colegas corredores también me miran con algo de condescendencia cuando me cruzo con alguno de ellos o les cuento que no puedo correr las medias que se organizan cada fin de semana. Lo que no saben es que hacer esto sin nadie que te acompañe me endurece mentalmente y afina mi instinto de supervivencia. Correr en soledad me libera de ciertas ataduras. Ser capaz de lograrlo por mí mismo me reafirma en mis posibilidades de que Sísepuede!

Más aún después de esta tercera tanda de 21 kilómetros. La anterior fue un castigo físico, pero una demostración de superación. Ahora, había que estar fino en todos los sentidos. Y mi cuerpo se encontraba preparado. Han sido dos horas escasas por ese camino de tierra a la orilla del Guadalquivir que descubrí ayer. Al ser menos transitado que otros lugares, puedes dejar una botella de agua en cualquier sitio, sin temor a que se la lleve nadie, y recogerla a la vuelta. De esa forma puedes beber tres veces. Además, el mero hecho de buscarla te da un plus de motivación para tu última parte del recorrido, vas con la incertidumbre por saber en qué punto exacto la dejaste. Sabes que en cualquier momento la vas a encontrar y que se va a saciar tu sed. Es como estar en medio del desierto, y encontrarte de repente con el oasis. Una cosa tan pequeña como una botella de agua se convierte en un tesoro muy valorado. El encontrarla supone llenar tu depósito para ese último esfuerzo hasta llegar a tu meta.

Mis rodillas han terminado menos hostigadas, no hay signos de la lesión y mi moral está por las nubes para la próxima tirada larga. Dentro de tres días es la prueba definitiva, 30 kilómetros. También «sin papeles», pero con esperanzas de seguir caminando hacia mi sueño.

¿Es participar en una Maratón salud? Tú decides…

Por Palma Chillón Garzón,
Profesora Dpto. Educación Física y Deportiva
de la Universidad de Granada.

Libertad y salud se parecen: su verdadero
valor se reconoce cuando nos falta.
Henri Becque.

Sano, saludable, salud… Son términos utilizados cotidianamente y que han adquirido gran popularidad en los últimos años en foros científicos y en conversaciones diarias. Aunque existen diferentes conceptualizaciones, la más aceptada es considerar la salud como «el estado de bienestar fisico, mental y social, y no la mera ausencia de enfermedad », emitida por la Organizacion mundial de la Salud (OMS) en 1946.

Este concepto integral de salud (de carácter científico), se corresponde con la percepción subjetiva que las personas expresamos espontáneamente ante la pregunta de ¿cómo estás? Pongamos el ejemplo de lo que contestaría un joven treintañero que ha encontrado en el deporte una nueva fuente de motivación y se ha planteado como reto entrenar para conseguir terminar una maratón:

Definición de salud Fundamento científico	**¿Cómo estás?** Percepción subjetiva
Estado físico	
Alteraciones en el funcionamiento del organismo. El deporte, bien orientado, mejora la forma física	+ ¡Genial!, las piernas me responden bien - Regular, tengo una ligera molestia en el gemelo y es que ayer me excedí
Estado mental	
Alteraciones psíquicas en el equilibrio individual de la persona. El deporte libera endorfinas que aumentan la autoestima	+ ¡Contento y motivado! Ayer conseguí alcanzar la hora corriendo y sigo entero - Tirando, pero siento que esto me supera
Estado social	
Posibles alteraciones en las relaciones sociales con las personas y el entorno. El deporte es un medio idóneo de relaciones sociales y plantear retos conjuntos	+ ¡Bien! La carrera del domingo fue genial y las cervezas de después, aún mejor - ¡Mal! Estoy ya cansado de correr sólo tanto tiempo; a ver si encuentro a alguien

Plantearse el reto de terminar una maratón podría ser un ejercicio de salud: se mejora la forma físicamente (siempre con un adecuado entrenamiento), el bienestar y la autoestima personal se elevan de forma considerable y se favorece el aspecto social al entrenar en grupo. Pero estos beneficios igualmente se consiguen con retos más o menos exigentes que una maratón. Es cada persona la que debe valorar el objetivo y el reto a conseguir, siempre controlando los sobreesfuerzos innecesarios y buscando el bienestar personal.

La salud es un concepto individual y dinámico así que, búscala y luego, síguela.

Cuenta atrás

(23/10/08)

Faltan 10 días

El dolor es inevitable. El sufrimiento, opcional.
Haruki Murakami.

Es lógica la tensión que se respira en el Centro de Vuelos Espaciales de la NASA, en Houston, justo antes de lanzar un cohete al espacio. Saben que en cada misión se juegan mucho. Se ponen en peligro incluso vidas humanas, más allá de los ingentes presupuestos que manejan. De ahí la responsabilidad que dibuja cada uno de los rostros cuando les vemos por televisión en esa cuenta atrás que ya es todo un clásico de nuestro imaginario colectivo. El reloj consume el tiempo, son apenas unos segundos, pero tanto para los oficiales al mando como para los que están embutidos en sus trajes de astronautas, en Cabo Cañaveral, es una eternidad. Los motores empiezan a rugir y ahí parece que se detiene el tiempo. Hasta que no vemos la nave espacial aparecer entre la nube de humo, una angustiosa sensación de incertidumbre nos invade a todos.

Está claro que yo no soy astronauta. Aunque, como cualquier niño, alguna vez me he imaginado viendo desde el espacio la inmensidad del universo a los mandos del Apollo 11. Lo que sí siento es ese cosquilleo especial que recorre los más de mil kilómetros que hay entre Houston y Cabo Cañaveral cada vez que alguien despega desde la Tierra. Estoy en plena cuenta atrás. Casi sin darnos cuenta han pasado los cuatro meses, y en apenas diez días llegará mi particular alunizaje. 10, 9, 8… El reloj ya no se detiene.

Hay tensión, no te voy a engañar. Pero, por encima de eso, soy consciente de que algo importante va a pasar en mi vida. Igual que Armstrong, Collins y Aldrin justo antes de despegar rumbo a la Luna. El miedo a lo desconocido, pero también la confianza en ti mismo. Nada puede ir mal.

Como los tripulantes de cualquier misión espacial, he recibido mi correspondiente instrucción, y ahora me encuentro en disposición de ponerme la escafandra. Me conozco todos los adoquines y azulejos del barrio, donde cada día he entrenado. Podría correr casi con los ojos cerrados por aquí, y confío en que no me tropezaría con ningún bordillo ni rotonda. Un recorrido tan familiar del que hoy me despido. Un par de vueltas, 50 minutos escasos. Pero mucha nostalgia: tanto esfuerzo, tanto sudor, tanto sacrifico vertidos por estas calles. Pero tanta ilusión depositada aquí. Si este asfalto pudiera hablar…

Mañana es mi santo, y ya tengo el regalo: voy a viajar a la Luna. ¡¡¡¡3, 2, 1, 0!!!!

La prueba definitiva

(25/10/08)

Faltan ocho días

Si no te esfuerzas hasta el máximo,
¿cómo sabrás donde está tu límite?.

La semana que viene a estas horas tendré mariposas en el estómago. No puedo negar que ya siento ese cosquilleo previo a las grandes ocasiones, aunque menor supongo que el próximo domingo, cuando esté en la línea de salida. Hoy vivo bajo esa misma inquietud porque también me enfrento a mis propios límites. Si el próximo domingo van a ser 42 kilómetros, ahora me tocan 30, una distancia igualmente inexplorada. Ha llegado la hora de la verdad, y hoy es la prueba definitiva, la que me va a determinar mis verdaderas posibilidades. Ya no caben medias tintas. O blanco o negro, o sí o no.

Para una tirada tan larga, hay que recurrir a una logística algo más complicada que la habitual. Necesitas avituallamiento líquido, sólido y, sobre todo, la compañía de alguien que te haga más llevadero todo este tiempo. Y ahí aparece mi amigo Fran, mi alter ego antaño cuando compartíamos piso, y fiel escudero para la cita de hoy. Le he advertido que van a ser cerca de tres horas, y que en algún caso puede llegar a aburrirse. Pero ha aceptado sin titubeos mi invitación. Irá junto a mí en bicicleta, cargando con una mochila en la que he dispuesto todo lo necesario: agua, bebida isotónica, geles, barritas...

Lo de hoy es una especie de simulacro, un ensayo general como el que tienen los actores antes de salir al escenario para interpretar el papel de sus vidas. Igual me pasa a mí. Estoy corriendo para sentir, para saber que todo está en orden. También para aprender, acostumbrarme al agotamiento de una distancia ya respetable. Durante estas casi tres horas en las que intensificas tu resistencia desarrollas técnicas de concentración y también practicas habilidades como la destreza necesaria para beber el agua sin que se te meta en los orificios nasales, abrir las barritas o tomarte los geles.

He vuelto a escoger el recorrido que va en paralelo al río, un camino que quería fuera agradable para mí pero también para mi acompañante. No hemos parado de hablar en todo este tiempo, y la verdad es que las conversaciones han dado para mucho. Es buena señal de que no he ido demasiado fatigado... y de que tenemos carrete para tres horas o para más.

El ritmo ha sido tan bueno que me he sorprendido incluso yo mismo. Hasta tal punto que los dos últimos kilómetros he apretado al máximo de las pulsaciones permitidas. Con sensaciones tan buenas, quería vaciarme, tener la certeza de darlo todo. Y comprobar que me siento genial. Ha sido la confirmación de que, a pesar de leves errores, la preparación ha ido perfecta. Estoy preparado para la maratón de Nueva York.

Mi maleta

(26/10/08)

Faltan siete días

Hoy es el cumpleaños de mi padre. Por eso, le quiero hacer mi particular regalo: compartir contigo una buena costumbre que él tenía los días previos a nuestras vacaciones. Apuntaba todo lo que necesitábamos llevar en la maleta, hasta el más mínimo detalle, para que no se le olvidase nada. Como yo tengo una memoria de pez, creo que en este momento me va a venir bien copiar ese irreprobable hábito y aplicarlo a pocas horas de poner rumbo a Nueva York.

En esa lista que me he estado haciendo aparecen toda clase de mejunjes que antes no llevaba a cuestas. Por mi nueva condición de maratoniano el neceser va lleno de antiinflamatorios, vaselina, crema para los pies, para las ampollas... Tampoco era normal que en el equipaje llevase más ropa deportiva que de calle, ni tampoco que las zapatillas de correr ocupasen más espacio que las de paseo. Y esta vez los productos ibéricos han dejado su huequecito a los geles, barritas energéticas y gominolas de fruta. Queda claro que ahora no voy a la Gran Manzana como turista, sino como atleta. Y eso se nota.

Pero hay más cosas en esa maleta. En su doble fondo, bien cerrados con cremallera para que no se escapen, están mis miedos, a los que es inevitable no perder de vista estos días. Uno de los bolsillos de fuera está lleno de todas las molestias que me han acompañado últimamente, cualquier pequeño dolor que esperemos no haga saltar las alarmas al pasar por el arco de seguridad en el aeropuerto. La ansiedad también se ha colado y la tendré que facturar. Como equipaje de mano, para tenerlas siempre cerca durante el vuelo, las dudas de si seré capaz de conseguirlo. Pero sobre todo hay ilusión, ganas, motivación, fuerza, determinación… y el apoyo de mi gente. Hay tantas cosas positivas que me ha costado un trabajo enorme cerrar la maleta. Me he tenido que subir encima de ella porque va hasta arriba. Seguro que voy a tener que pagar en el aeropuerto por exceso de equipaje. No me importa.

Sí hay marcha en NY

(27/10/08)

Faltan seis días

Cuando tomo una decisión
soy peor que Napoleón
y aunque no me guste el avión
soy un hombre de acción
y por eso: Me marcho a Nueva York.
«No hay marcha en Nueva York» (Mecano).

En los agitados y convulsos ochenta Mecano gritaba aquello de «No hay marcha en Nueva York». Y eso me da para pensar en voz alta: o no se lo montaron bien o realmente es que no estuvieron aquí. Porque esta ciudad tiene para marcha un rato… No es por dejar mal a uno de los mejores grupos de pop que ha dejado la música patria pero, como diría otro grande: «nos sobran los motivos». Yo no me voy a poner ahora a enumerártelos. Lo mejor es que aproveches eso de que otra vez el dólar está devaluado para darte un garbeo por la capital del mundo. Aquí no hay extranjeros. Todos somos iguales. Es la ciudad que nunca duerme… y en la que todos corren. Unos porque llegan tarde. Otros porque llegan pronto. Y nosotros, porque simplemente queremos llegar.

Pues sí. Ya estoy aquí otra vez. Hace justo un año aterrizaba como neófito, y ahora lo hago como parte importante de este cotarro. En las últimas semanas en mis entrenamientos había fantaseado con mi reencuentro neoyorquino. Ahora es realidad. La verdad es que el vuelo ha sido bastante agradable. Directos desde Málaga, sin escalas, y con la buena compañía de amigos como Paquillo, Ángel Gámiz, Javier Bermejo y la gente de Andalucía Sports Bureau y Viajes El Corte Inglés.

Nada más poner pies en polvorosa, por eso de mi nueva condición de maratoniano, nos hemos calzado las zapatillas unos cuantos para rodar un ratito y soltar las piernas después de casi ocho horas de viaje. Para algunos puede sonar a locura, o pensarán que somos unos frikis, pero merece la pena este pequeño esfuerzo: el primer contacto con el asfalto de esta ciudad ha sido un sueño hecho realidad. Nada, han sido apenas 30 minutitos. Suficientes para comprobar que la ciudad por esta época se tiñe del ocre de las hojas caídas sobre el suelo. Y que hace bastante frío. Pero eso es lo de menos. Las ganas son enormes. Y el emplazamiento, mágico. Sí señor, estamos en Central Park, el escenario en el que muchos de mis últimos sueños han tenido lugar. Nos hemos topado con otros corredores que a media tarde, cuando terminan su jornada laboral salen a sudar un poquito. Pero la mayor sorpresa ha sido cuando, sin esperarlo, se nos ha aparecido la misma línea de meta de la maratón, en pleno proceso de montaje. Te puedes hacer una idea de la cantidad de imágenes que se empiezan a amontonar en mi mente. Y sobre todo una: la de pasar el domingo justo debajo de ese arco que pone finish después de 42 kilómetros. ¿Cómo que no hay marcha en Nueva York?

Corriendo bajo la lluvia

(28/10/08)

Faltan cinco días

Gene Kelly nos hizo sentir libres cuando le vimos «Cantando bajo la lluvia». Nada, ni el líquido elemento, podía detener la magia de sus zapatos de claqué. Hoy, como buenos maratonianos, hemos cambiado el verbo cantar por correr. Eso sí, el resto del enunciado queda inalterable. Vamos, como para permutarlo con la que ha caído. Desde que abrimos la ventana de la habitación nos dimos cuenta que los elementos no se iban a aliar con nosotros en nuestra primera mañana neoyorquina. Jarreaba de lo lindo.

La cita con el resto del grupo era a las nueve y media, y hemos bajado «a ver qué pasa». Más que nada, por si alguien se rajaba y tener ese consuelo como justificación a nuestro abandono por desidia. Los cuatro más cuerdos han decidido a los cinco minutos que lo mejor era volverse a casa para no cazar un resfriado. Yo no estaba en ese grupo. Me encontraba en el de los que les ha podido el deseo irrefrenable de correr y las ganas.

Empapados desde el principio, pero ha sido un gustazo. Ayer ya habíamos hecho las presentaciones con Central Park, pero apenas sí nos habíamos saludado. Lo de hoy ha sido entrar en más detalles y empezar a conocernos más a fondo. A pesar de la lluvia. Esto del amor a primera vista no entiende de obstáculos. Y lo he saboreado. Por muchas cosas: por las buenas sensaciones, la agradable compañía y por hacer lo que me da la gana, a pesar de la que caía... Eso sí que es espíritu rebelde, a lo James Dean.

Al principio apenas había que ir sorteando los pequeños charcos que empezaban a gestarse. Conforme ha caído más agua, esos charcos se han convertido casi en océanos. Pero, como Gene Kelly, hemos chapoteado sobre ellos al ritmo de nuestra propia música: la que suena al pisar Central Park en cada zancada.

Central Park

(29/10/08)

Faltan cuatro días

It's Autumn in New York	*Es Otoño en Nueva York*
It's good to live it again.	*Es genial vivirlo otra vez.*

«Autumn in New York» (Vernon Duke).

Si Nueva York es un gigantesco plató cinematográfico, Central Park es el corazón de este inmenso estudio. Entre sus árboles y sus laberínticos senderos latió la utópica historia de amor entre Richard Gere y Winona Ryder de «Otoño en Nueva York», nos cautivó y atrapó el sentimiento paterno de Dustin Hoffman en la conmovedora «Kramer contra Kramer» o descubrimos las surrealistas tribulaciones del genial Woody Allen y su «Manhattan». Ahora yo soy el protagonista de esta historia, de mi propia película. Y, cómo no, este parque es el escenario. Ojalá tenga final feliz...

Durante los últimos cuatro meses de mi vida he soñado con reencontrarme con un lugar por el que me he imaginado muchas veces y por el que ya había paseado el año pasado, pero como un mero turista. Ahora la sensación es distinta. Vengo para correr. Parece como si Central Park hubiese estado ahí, inmóvil, esperándome todo este tiempo. Deseaba que llegara este momento. Lo he visualizado en gran cantidad de ocasiones, en muchos de mis entrenamientos. Era un arma de motivación, una imagen positiva que creaba mi cerebro para seguir luchando.

Siempre hay una buena razón para caminar por Central Park. Y cualquier época es buena. Pero en ésta adquiere una tonalidad amarillo verdoso, toda una explosión de colores. Los adoquines están bañados de verdina provocada por la humedad de una fina lluvia que no cesa, haciendo levemente resbaladizo el piso, al tiempo que a cada paso escuchas el crepitar de las secas hojas caídas. Es otoño en Nueva York. Las ramas de los árboles se preparan para el frío, y las ardillas buscan cobijo ante el rigor climatológico que se avecina.

Un parque con tanta vida y tanta historia (a pesar de su relativa juventud, no llega a los 150 años) ha tenido, evidentemente, visitantes muuuuucho más ilustres que yo. Basta hacer un mero ejercicio de memoria y se nos vienen a la cabeza rápidamente, aparte de las tres que he citado antes, muchas películas. Además, es lugar habitual de esparcimiento para estrellas como Tom Cruise, Katie Holmes o Madonna que practican jogging por sus alrededores. Y por aquí paseaban plácidamente John Lennon y Yoko Ono, que residían justo al lado, en el Dakota. De hecho, a la altura de este edificio de apartamentos, en la calle 72, el Beatle tiene su particular rinconcito en Strawberry Fields, con un mosaico que lleva inscrito su inmortal «Imagine», erigido en su memoria.

Con tanto famoso junto, no era difícil que en uno de nuestros entrenamientos nos cruzáramos con una cara conocida. Y más con la maratón a tan pocos días. Bueno, ya van dos pistas: famosa y maratoniana. ¿Te hace falta alguna más? Bingo! La gran Paula Radcliffe, que compartió durante unos segundos con nosotros el mismo oxígeno, el mismo asfalto y, porqué no, el mismo objetivo: la carrera más famosa del mundo. Aunque, eso sí, con distintas aspiraciones. La inglesa, ganarla; el de Guadix, acabarla.

Lo bueno de Central Park, gracias a su extensión (3,5 kilómetros cuadrados o, lo que es lo mismo, un 6% de Manhattan) es que nunca te aburres cuando lo recorres. Siempre hay algo nuevo que descubrir, mágicos jardines, estatuas que cobran vida y buscan su alma, gente de los más diversos pelajes haciendo footing, rincones que esconden más de lo que aparentan... Uno de esos momentos mágicos ocurrió cuando se nos manifestó ante nuestros ojos The Reservoir, el gran lago que durante una época abasteció la Gran Manzana. Para alguien que prepara una maratón este lugar es de culto, casi sagrado, místico. Aquí se rodó una de las escenas más apasionantes jamás filmadas con un corredor como protagonista. Que levante la mano quién no quiso ser alguna vez Dustin Hoffman en «Marathon Man». Rodear The Reservoir, con los rascacielos silueteando el horizonte, es la sensación más parecida. Apenas fueron cinco minutos. Tiempo más que suficiente para vivirlo en tus propias carnes. La ficción sale de la pantalla de cine para hacerse real, para tocarla con tus propias manos. Te puedes imaginar.

Está claro que Central Park se apodera de ti, te atrapa. Hace que no seas un extraño y te sientas un neoyorquino más. Que formes parte de su rutina, de la del hombre de negocios que, al terminar su jornada laboral, detiene su vertiginosa rutina para correr y disfrutar de uno de los rincones más maravillosos que he conocido jamás. Es Central Park. El Parque Central. Ahora mismo, el centro de mi universo.

Jugamos al 15.255

(30/10/08)

Faltan tres días

Recoger tu dorsal antes de la Maratón es como hacer la tradicional cola en la Gran Vía madrileña frente a «doña Manolita», para comprar la Lotería de Navidad. La misma ilusión, los mismos deseos puestos en un simple número. «Démelo que acabe en cinco, por favor». Y, como haces con el décimo cuando te lo entrega la dependienta, buscas una embarazada para rozar tu dorsal. Dicen que da buena suerte... Anhelas una fortuna que en este caso no tiene que ver con la lluvia de millones que se reparte cada 22 de diciembre, sino con cumplir esa fantasía por la que estoy aquí. Por eso, si ahora mismo te mirase a los ojos fijamente y te dijera «oye, que el dinero no hace la felicidad», me tacharías de loco. Pero no es la típica frase que dices para quedar bien, para que la gente vea que das valor a otras cosas por encima de lo material. En estos momentos es sincero. Porque más allá de lo crematístico está la satisfacción. La del que es consciente de que va a hacer algo grande.

Yo juego con el 15.255. Mejor dicho, jugamos todos. Todos los que me habéis apoyado y me habéis animado a darme cuenta de que «sí se puede». Llegados a este punto, estamos más cerca que nunca. Ése es el número de mi dorsal: el 15.255.

Ya te he contado alguna vez que, además de un soñador, soy un maniático casi compulsivo. Por eso, en cuanto tuve ocasión, le busqué un significado a ese 15.255. Y lo hice apoyándome en la numerología. Tras hacer mis cábalas (sumar todas las cifras y si el resultado era superior a nueve, en este caso me daba 18, simplificarlo sumando nuevamente estas dos cifras) llegué a la conclusión de que el 9 es el número de la persistencia, de la perseverancia. Y de eso he necesitado mucho. Para que veas. Algo tiene que ver con todo esto…

A partir de ahora, dejas de ser el ciudadano Rafa Vega y pasas a ser el corredor 15.255. Eso, un número. Quizás perdamos nuestra esencia como personas al convertirnos en meros dígitos, pero es muy útil a la hora de organizar a tanta gente. Somos cerca de 40.000, y todos tenemos que pasar por la Feria del Corredor, en el Jakob Javits Convention Center, para recoger el dorsal. La primera sensación que tienes cuando apareces por allí es la de comunión. Miles de seres, cada uno de su padre y de su madre, de los más diversos orígenes y colores, pero que en ese reducido espacio comparten el mismo objetivo que el tuyo. Y cuando recoges el dorsal, ya eres parte integrante de la Maratón por derecho propio. Es una bolsa de plástico transparente, con tu número y tus datos, y en su interior, además del dorsal y el chip, tienes la más diversa información junto a distintos souvenirs y demás publicidad. Ésta es la parte más comercial del asunto, que no podía faltar aquí. Porque no olvidemos, «this is America!»

La Feria del Corredor es el punto de encuentro de todos los que tenemos entre ceja y ceja la maratón. Por aquí pasarán todos los que la van a correr y, en la mayoría de los casos, no vienen solos. De ahí que las grandes firmas deportivas tengan aquí su stand en el que nos muestran lo último de lo último. Como todos, nosotros también picamos, era inevitable… Pero si hubo un lugar de todos los expositores en el que nos sentimos como en casa, ése fue el stand de Andalucía. Qué mejor forma de promocionar nuestra tierra que en un lugar por el que pasa tanta gente.

La mañana ha sido completita. Ya tengo el dorsal en mi poder y antes de venir a recogerlo nos habíamos marcado Paquillo, Gámiz y yo unas series por Central Park. Al principio preferí no seguirles, porque iban a ir a tope. Pero me fui viendo súper y opté en la última por aguantar el tirón. Vamos, como una moto. Nos pusimos a 4'15 el kilómetro. Creo que es la vez que más rápido he corrido en mi vida. Es un buen augurio para defender ese 15.255 con el que todos jugamos. A ver si toca...

Palabra de don Abel

(31/10/08)

Faltan dos días

Es Halloween. La ciudad que nunca duerme se disfraza para pasar otra noche más de insomnio. Hoy todo el mundo se viste de lo que no es, o de lo que algún día quiere ser. Por eso, durante todo el día la Quinta Avenida se inunda de hadas, piratas y vampiros. Yo me he disfrazado de maratoniano. Lo sé, es fácil conseguir esa vestimenta para aparentarlo. Prácticamente llevaba en la maleta todo lo necesario. Más complicado es serlo realmente. De eso sabe mucho Abel Antón. En un día tan señalado para los americanos yo me he topado con un deportista muy especial para los españoles. Muchos de nosotros estamos aquí por su culpa. Aquella tarde de agosto del 99, bajo la canícula de Sevilla, el soriano nos descubrió que sí se puede. Se puede ganar la maratón de un Mundial bajo un sol de justicia. Se puede conseguir por delante de los africanos. Y se puede hacer soñar a todos los que lo vimos aquel día, en directo o por televisión.

Antón era uno de los invitados a la recepción previa a la Maratón de Nueva York que daba Andalucía. Previamente nos conocíamos, porque meses atrás le había pedido que colaborara en la biografía de Paquillo que también he escrito, pero el contacto sólo había sido telefónico. Hoy por fin le he podido dar la mano. Pero no sólo eso. Encontrarte a un ídolo como él a menos de 48 horas del pistoletazo de salida es un privilegio. Es como si te diera la alternativa Curro Romero en Plaza de Toros de La Maestranza. Por supuesto, hemos hablado de la carrera del domingo, y le he contado que soy neófito. Él me ha dado un consejo: «disfruta». Así sea. Palabra de don Abel.

P.D.: Toca día de descanso, el último ya. A pesar de eso, ha sido una jornada agotadora, y eso que no ha habido entrenamiento. Tanto, que mientras escribo estas líneas en la habitación del apartamento, estoy tumbado en la cama con una bolsa de hielo. Esperemos que sirva de alivio para mis castigados pies.

NOVIEMBRE

Mañana

(01/11/08)

Falta un día

New York! Concrete jungle where dreams are made of,
There's nothing you can't do, Now you're in New York!!!

(Nueva York! Jungla de hormigón donde los sueños se hacen realidad,
No hay nada que no puedas hacer, ahora estás en Nueva York!)
«Empire State of mind» (Jay-Z)

Mañana corro la Maratón de Nueva York. Creo que ya te lo había comentado, ¿verdad? El día antes suele ser de muchos nervios y de preparativos. Algo parecido a cuando te vas de vacaciones. Tu madre te pregunta hasta la saciedad: «¿Llevas el pasaporte? Sí, mamá. ¿Te has acordado de las pastillas de la alergia? Claro, mamá. Que no se te olvide nada. Que síiiii!!!!!». Pues así. No se te puede olvidar nada: chip, geles, dorsal, imperdibles, pulseritas de la suerte, bolsa del corredor, chubasquero… Así ando de un lado para otro, sin parar. Creo que estoy un poco neurótico. Bueno, es lo que se estila por Manhattan, ¿no? Que se lo pregunten a Woody Allen…

Estoy como los grandes toreros, en capilla, justo antes de una gran faena. Hablando de maestros (qué bien hilado me está quedando), la jornada anterior al Día D la hemos empezado con un ilustre de la tauromaquia como es mi paisano David Fandila «El Fandi». Está de promoción de su película (The Matador), y con muy buen criterio la gente de bien de Andalucía ha querido aprovechar su presencia, junto a la de otro ilustre granadino como es Paquillo Fernández, para que abanderen a todos los andaluces en la Carrera de la Amistad. Son apenas tres millas (cinco kilómetros al cambio), pero es uno de los momentos previos a la Maratón con mayor carga simbólica. Gente de todos los países saliendo desde la sede de Naciones Unidas en la 1st Avenue y latiendo fuerte en el mismísimo corazón de Manhattan.

Y ya que he sacado el tema cardíaco (estoy que lo bordo enganchando un asunto con otro), mis pulsaciones en reposo podrían romper en mil pedazos el polígrafo de la máquina de la verdad. Supongo que será normal, pero no siento algo así desde el día antes de Selectividad. Y ya ha aparecido alguna que otra cana en mi cabellera durante estos años. Por eso, trotar (más que correr) ese ratito por la mañana me ha venido bien para expulsar un poco de adrenalina y los pensamientos tóxicos que llevo dentro. Pero estoy nervioso, lo reconozco. Las mariposas revolotean por mi barriga de forma furtiva. En términos psicológicos, es lo que llaman ansiedad precompetitiva. Afronto algo totalmente desconocido para mí. Cuatro horas sin parar de correr. No sé cómo reaccionará mi cuerpo. Lo que sí sé es que en las últimas horas (ya me lo habían advertido) tienes la sensación de que te duele todo, que cualquier pequeña molestia se convierte en un mundo. Ya, estoy siendo un poco hipocondríaco. Bueno, un poco no. Mucho. Por eso sigo con hielo en la planta de los pies. Además, las condiciones de los días previos no son las más apropiadas para una prueba como ésta: fuera de casa, en una ciudad desconocida, y con auténticas palizas de andar todos los días. Pero merece la pena.

Después de rodar en la Carrera de la Amistad y un frugal desayuno con mi amigo Paco Pérez Moreno en el Tavern on the Green (junto a la meta), nos hemos ido a dar una vueltecita por la parte más bohemia de Manhattan: Tribeca, Soho, Chinatown y Little Italy. No había mejor lugar posible que nuestra última parada para un buen plato de raviolli. Hidratos de carbono, gasolina pura antes de la Maratón. Y además, ración doble, porque por la tarde hemos ido a la tradicional cena de la pasta. Más allá del ceremonial, se trata de abastecer de combustible nuestros músculos.

Desde allí hemos aprovechado para ver los fuegos artificiales que han iluminado el cielo neoyorquino y para saludar por última vez a la línea de meta. Yo le he dicho: «Hasta mañana». Y ella me ha respondido: «Que descanses, nos vemos por aquí». La suerte está echada.

P.D.: Felicidades, mamá, en el día de tu cumpleaños. Aunque estemos a miles de kilómetros de distancia, mañana te llevaré en mi corazón.

Born to run

(02/11/08)

Antes de la maratón

We gotta get out while were young
cause tramps like us, baby we were born to run.

(Tenemos que salir de aquí mientras seamos jóvenes
Porque vagabundos como nosotros, nena nacimos para correr).
«Born to run» (Bruce Springsteen).

Al otro lado del Río Hudson, en Nueva Jersey, Bruce Springsteen gritaba su «Born to run», un canto a la búsqueda de nuevos desafíos. Y en ello estamos. Sí, querido Boss, hemos nacido para correr, pero no para madrugar. Nueva York, la ciudad que nunca duerme, no hace demasiado honor a este calificativo. A las cuatro de la mañana parece somnolienta. Igual que yo. Hacía mucho tiempo que no deambulaba por las calles a estas horas. Y todavía, 20 minutos después de haberme despertado, no me ubico. Hace ya un rato que sonaron todos los despertadores de la habitación, estratégicamente programados para que inicien su disonante concierto de manera escalonada para no quedarme petrificado. Pero el cambio al horario de invierno me hizo dudar cuando desperté de si eran las tres o las cuatro de la mañana.

Aún esperando a que llegue el metro seguimos preguntándonos el porqué de este madrugón. La respuesta la tenemos nada más salir a la Central Library, el punto de encuentro de todos los maratonianos. Una fila interminable de autobuses con un único destino: Staten Island, el distrito desde el que sale la maratón. Durante todo el trayecto, algo más de media hora, las dudas y los nervios, en comunión con los compañeros de viaje, se multiplican.

Un tropel de voluntarios, altavoz en ristre y una sonrisa de bienvenida, nos recibe en este Fort Wadsworth, un antiguo centro militar y que ahora acoge a otro ejército bien distinto. Un lugar al que el frío y la humedad lo hacen todavía menos apacible de lo que es habitualmente. Más bien parece un campamento de exiliados, con todos los atletas intentando cobijarse de las bajas temperaturas como pueden: mantas, tiendas de campaña, papel de periódico… Nosotros somos privilegiados y encontramos refugio en la carpa VIP, cortesía de la organización. Allí la vida es mucho más fácil que ahí afuera: calefacción, buena compañía y un frugal desayuno (fruta, cereales y, sobre todo, mucho líquido). Abastecimiento para que no nos falte energía durante la carrera.

El lugar ideal para una animada tertulia en la que cada uno de nosotros exponemos nuestros miedos, nuestros objetivos y compartimos un anhelo: encontrarnos en Central Park. Mientras tanto, seguimos las últimas consignas de nuestro psicólogo, José Carlos Jaenes: «Disfrutar, pero no dejarnos llevar por el ambiente, que esto es muy largo.» Y ahí nos fundimos todos en un largo abrazo deseándonos lo mejor antes de separarnos.

Como si estuviéramos en un centro de salud, la megafonía va avisando de las respectivas salidas. Afortunadamente, nos llega el turno rápido. Tenemos dorsal verde y vamos en la primera de las oleadas. Una efectiva forma de organizar la salida, en intervalos de 20 minutos, para que no se produzca el colapso, teniendo en cuenta que somos casi 40.000 corredores. Y ahí es donde te sientes no un número, sino casi un animal. Como si fuéramos ganado, marcados por nuestro propio dorsal, aguardamos el momento de la salida en un lugar vallado al que han llamado corral. No hay mejor denominación.

Mi compañero de viaje en esta aventura se llama Diego. Como su objetivo (3:50) y el mío (4:00) se asemejan bastante, habíamos decidido en la carpa ir juntos. En aquel momento no éramos conscientes de que íbamos a compartir un momento irrepetible, y que nos recordaríamos el uno al otro el resto de nuestra vida.

Por la megafonía una voz femenina grita: «Are you ready to run?» (¿estáis preparados para correr?). Y tras rugir la muchedumbre un «yeaaaaahhhhh» que retumba en los confines de Central Park, a 42 kilómetros de distancia, se escucha un disparo seco al cielo. Bang!!! Ha empezado la Maratón de Nueva York, comienza una aventura de cuatro horas por sus calles.

New York, New York

(02/11/08)

Durante la maratón

If I can make it there	*Si yo lo puedo hacer allí*
I'll make it anywhere	*Lo podré hacer en cualquier parte*
It' up to you	*Depende de tí*
New York, New York.	*Nueva York, Nueva York.*

«New York, New York» (Frank Sinatra).

Los acordes del «New York New York» son el himno oficioso de esta ciudad. Un legado para los neoyorquinos, del cual se sienten tremendamente orgullosos. «La Voz», Frank Sinatra, les dedicó esta obra maestra de la cultura popular, y ellos se lo agradecen mostrándola al mundo año tras año, al comienzo de la Maratón. Es uno de los momentos televisivos más impactantes, que se sucede periódicamente el primer domingo de noviembre. Una imagen aérea nos muestra un caudal humano infinito, que atraviesa el Puente de Verrazano a los sones del «New York New York». Estoy seguro que alguna vez lo has visto por la tele. Forma parte de nuestra vida, como las Campanadas o el comienzo de las rebajas. Pues esta vez yo soy una de esas hormiguitas.

Para estar aquí, justo en la línea de salida y formando parte de algo tan grande, sólo tienes que querer. Es un deseo de hacer esto realidad. El resto, lo que viene a partir de aquí, es un regalo. Disfrutar de esta ciudad y de su Maratón. Nueva York, ahí vamos!

Nuestros primeros pasos son en cierto desnivel hacia arriba, hasta alcanzar la primera milla, a mitad del Puente de Verrazano. Casi te coge desprevenido y, de no ser por la maravillosa postal de Manhattan que se divisa desde aquí, podría entrarte pavor. Pero sin darte cuenta, fascinado por la vista, empiezas a bajar. En apenas dos kilómetros ya has calentado. A pesar del frío que hace, aunque no tan severo como pensaba. Unos 10 grados, que en breve se convertirán en una temperatura más que agradable. Llega el momento serpiente, ése en el que, cual reptil, empiezas a despojarte de las diferentes capas que te protegían del frío. Ya sin la sudadera, casi a pecho descubierto, aprovechas para hacer la primera parada técnica. Hemos bebido tanto líquido que no podemos aguantar más…

Solucionado este asunto de intendencia, entramos en Brooklyn, el distrito por el que discurre la mayor parte de la carrera. Tan grande, que si fuera una ciudad independiente sería la cuarta en extensión de Estados Unidos. Cuna de genios como Woody Allen o Michael Jordan. De repente, una muchedumbre se agolpa en las calles y no parará de animar hasta que no pase el último de los participantes. Éste es uno de los días grandes de la ciudad. Como Acción de Gracias o el 4 de Julio. Y las familias y los amigos se reúnen para vivirlo todos juntos. Cada cual a su manera, pero todos con un mismo fin: dar apoyo a los corredores, hacerles sentirse parte de esto. Con pancartas («vosotros sois mi inspiración», reza una), repartiendo trozos de fruta, caramelos, chocolatinas, o simplemente con una sonrisa…

Tal y como nos había advertido Jaenes, tienes que intentar no dejarte llevar por todo eso, reservar combustible para los últimos kilómetros. Pero es imposible. Tantos días corriendo solo, y en un instante lo haces junto a 40.000 personas y con un millón de espectadores en las aceras. Gritan, chillan, dan alaridos. Crees que todas las palabras de ánimo van dirigidas a ti, cuando en realidad son lanzadas al aire y cada uno las pilla al vuelo para automotivarse. Aunque algunos lo personalizan para ti. Como si fuese un marine, me había tatuado mi nombre en los brazos, y con un cerrado acento gringo muchos de los espectadores me animaban con un «Rafa» que de lejos se parecía a la pronunciación real en mi idioma. Pero igualmente efectivo. Además, ataviado con una camiseta roja con el escudo de España muchos de mis paisanos se dejaban la voz a mi paso. Aunque lo más escuchado es el ya típico «Looking great!». Uno, claro está, intenta devolverles todo lo que te están dando. Saltas con ellos, les das la mano, esbozas una sonrisa. Un gasto de energía, que igual pasa factura al final, pero… ¡qué demonios!

Los 10 primeros kilómetros ni los notas. Son una sucesión de sensaciones jamás vividas, estás disfrutando una experiencia única en tu vida. Se acumulan las imágenes a tu alrededor: el niño que te ofrece un gajo de naranja, la anciana que parece rejuvenecida gritando «keep running!», el señor de 60 años que lo hace a mi mismo ritmo (y eso que me dobla en edad), el chico que va en silla de ruedas y que tiene la misma ilusión por llegar a Central Park, a pesar de sus dos piernas amputadas. Un desfile de historias, de retos, de ilusiones… y de disfraces. Porque esto es una auténtica pasarela festiva. Aquellos a los que se les quedó pequeño lo de correr la nada desdeñable distancia de 42 kilómetros han dado un saltito más, para ponerle más dificultad a la cosa: hacen la maratón customizados de toreros, astronautas o animadoras de un equipo de baloncesto. El caso es dar la nota. Y arrancar una sonrisa a los que están a su alrededor.

Y casi sin darte cuenta apareces en la milla 8. O, lo que es lo mismo, pasado el kilómetro 12. El lugar en el que convergen las tres rutas que hasta ahora tenía la carrera. La Brooklyn Academy of Music. Ahí ya todos juntos enfilamos hacia Lafayette Avenue, una larguísima recta de casi dos kilómetros, que pica hacia arriba. Éste es el primer punto en el que tienes que apretar verdaderamente los dientes. Por si necesitas un empujoncito, ahí está la ruidosa comunidad negra para dártelo.

Es curioso comprobar en tus propias carnes el crisol étnico de este distrito. Latinos al principio, holandeses después. Y, de repente, justo cuando doblas Lafayette para coger Bedford Avenue, la estridente algarabía de la comunidad afroamericana se convierte en paz y sosiego. Estamos en el barrio judío. Aquí el colorido deja paso a las severas vestimentas negras de los rabinos. Apenas se escucha el zumbido de una mosca. Ésta es quizás la parte más aburrida de la Maratón. Aunque no viene mal una pequeña tregua para echar un vistazo al reloj, hacer los cálculos pertinentes y comprobar que todo va como estaba programado.

Porque inmediatamente después vuelve la fiesta. Hemos llegado a Manhattan Avenue y Greenpoint. Y nos despedimos de Brooklyn a lo grande, con los sones del «Eye of the tiger» de la Banda Sonora de Rocky. La toca una de las más de 100 bandas que hay repartidas por la ciudad y le pone la banda sonora a esta Maratón. Un auténtico regalo para los que nos gusta correr y la música. Hay de casi cualquier estilo: coros gospel, hard rock, melódica… Para todos los gustos.

El Puente Pulanski marca la media maratón y la frontera con Queens. El distrito donde se encuentran los dos aeropuertos de la ciudad, el JFK y La Guardia, y el Flushing Meadows, donde se disputa el Open USA de tenis. Estamos justo a mitad de carrera, y el tiempo es bueno. Cuatro minutos por debajo de las dos horas, con lo que haciendo una proyección, estamos cumpliendo lo previsto. Tanto que en ese momento nos hemos venido arriba, y hemos hecho el mejor parcial de toda la carrera en la milla 15, siete minutos y medio.

Nos disponemos a enfilar el Queensboro, el puente que nos va a llevar hasta Manhattan. Un lugar dantesco, un amasijo de hierros entre los que empezamos a ver las primeras caras desencajadas, gestos de sufrimiento, calambres, gente preguntándose «¿qué hago aquí?». Es fundamental tener la cabeza fría y bajar algo el ritmo, sobre todo en la parte descendente del puente, para no sobrecargar demasiado las piernas. Justo ahí aparece ante nosotros Manhattan, que nos da la bienvenida con su bullicio habitual, multiplicado por mil en un día como éste.

Empieza la parte más dura de la Maratón. Una interminable recta de casi 10 kilómetros que recorre la First Avenue, con un leve desnivel que no duele pero sí te castiga poco a poco. La hacen más llevadera los miles de personas que hay a uno y otro lado. Gritan, chillan, aplauden… Es aquí, en la milla 19, donde aparece el temible Muro. Aproximadamente el kilómetro 30. Más o menos hasta ahí llegan las reservas que podemos almacenar en nuestro cuerpo. Salvo que hayas ido recargándolas a lo largo de la carrera, como ha sido mi caso, con bebida isotónica y geles. La correcta hidratación me ha salvado de sentir lo que muchos denominan «el hombre del mazo»: es como si alguien te golpease con un martillo. Te quedas grogui, y no eres capaz ni de moverte. Tanto me habían advertido que casi ni lo he notado. Prácticamente, de lo que más he tenido que preocuparme en esta parte de la carrera es de ir sorteando la multitud de esponjas que hay tiradas en el suelo.

Apenas quedan 10 kilómetros. Dejamos atrás Manhattan, pero sólo por unos minutos. El Willis Avenue Bridge nos conduce al Bronx, el distrito por el que pasamos de forma más fugaz. Apenas tres kilómetros, pero los más duros para mí. El cansancio apareció hace ya tanto tiempo que apenas ni lo padeces. Lo que sí siento es una persistente punzada en la planta de ambos pies. Para que te hagas una idea, por primera vez tengo las mismas sensaciones que un faquir caminando encima de un colchón de clavos. Es el único momento en que tengo ganas de parar. No puedo más. Hasta aquí hemos llegado. Se acabó mi aventura…

«El dolor es temporal. El orgullo, para siempre». Esta pancarta, escrita en español, me sacude ese deseo de abandonar. Como una señal, aparece en el momento justo. «El orgullo es para siempre». Si he llegado hasta aquí, renunciando a tanto, no puedo ceder. He puesto tanto en esta maratón, y estoy tan cerca, que tengo que sacar fuerzas de donde no las haya. Siempre agradeceré a la chica que portaba aquella pancarta. No sabes cuánto bien me hiciste.

Un «vamos!» seco, contundente, que retumba en los confines del Bronx, termina por despertarme. Es Diego, del que hace un rato tuve que tirar yo, animarle, porque había decaído. Ahora le toca a él. Somos un equipo. Empezamos juntos y vamos a acabar juntos. No le conocía de nada, pero ahora formará parte de mi recuerdo para siempre. Vamos!

Recuperados ambos, volvemos a Manhattan cruzando el Madison Avenue Bridge. Quedan siete kilómetros, llevamos tres horas y trece minutos, con lo que la proyección (si vamos a un ritmo de seis minutos el kilómetro) es de tres horas y 55 minutos. Por debajo de las cuatro horas que yo me había marcado, pero ligeramente peor que el tiempo que tenía previsto Diego. Por eso, me plantea intentar pegarle un mordisco al crono y bajar de las tres horas 50 minutos. Tras una breve negociación, sólo tuvimos que mirarnos para cejar en nuestro empeño. Tan justos como estábamos de fuerzas, lo mejor era disfrutar lo que quedaba de maratón. Y así hicimos. Saborear cada metro de un sueño que estaba a punto de hacerse realidad.

Un tramo de la Quinta Avenida discurre en paralelo a Central Park. Ahí ya empiezas a percibir que tienes muy cerca el objetivo. Casi sientes que ahí dentro, en el Tavern on the Green, muchos de los aventureros han cruzado ya la línea de meta. Y que uno de los próximos vas a ser tú. Prácticamente tienes que solventar un último obstáculo. La calle más famosa de Nueva York es caprichosa en esta zona del recorrido, y tiene una pendiente importante. Si a eso unes la gran cantidad de público te encuentras casi como un ciclista escalando L'Alpe D'Huez: sin apenas espacio, casi en fila de a uno y apretando los dientes.

Nuestra primera incursión en Central Park es sólo el aperitivo de lo que nos espera dentro de cuatro kilómetros. Un camino serpenteante, rodeado de árboles, y muchos corredores que ya no pueden más. Resoplan, paran, vuelven a andar. Venga, que la meta está ahí. «Nueva York es nuestro. Síiiiiiiii!!!!!» gritamos Diego y yo al unísono. En las pocas facciones que el cansancio ha dejado libres en nuestra cara, se refleja satisfacción desmedida.

Sólo queda cruzar South Central Park (una calle de apenas un kilómetro, pero eterno como si fueran 10), y doblar Columbus Circle para volver a adentrarnos en el parque. Ésta es la misma esquina en la que hace justo un año encontré la inspiración para correr la Maratón de Nueva York. El lugar en el que vi tanto gozo, que decidí ser yo el protagonista. Y aquí estoy ahora. Menos de un kilómetro para cumplir mi sueño.

En los últimos mil metros se te pasan un sinfín de imágenes por la cabeza. Es como si los cuatro meses de preparación se cruzasen ante ti en apenas unos segundos. Te acuerdas de todos esos momentos, de los malos ratos, de los sacrificios. Y piensas en tu familia, que tanto te ha apoyado para llegar hasta aquí. Sólo queda cerrar los ojos, dejarte llevar y… volar. Ya estamos en Nunca Jamás.

Nenikekamen!

(02/11/08)

Después de la Maratón

Entonces, cuando Persia fue polvo, todos gritaron: «¡A la Acrópolis!
¡Corre, Filípides, una carrera más! ¡Tendrás tu recompensa!
Atenas se ha salvado gracias a Pan. ¡Ve y grítalo!»
Arrojó él su escudo, corrió otra vez como una saeta;
y toda la extensión entre el campo de hinojo y
Atenas de nuevo fue rastrojos, un campo que recorría una saeta, hasta que
él anunció: «¡Regocijaos, hemos vencido!»
Nenikékamen!.

Robert Browning
Filípides (1879)

Este poema del escritor inglés Robert Browning es una de las muchas piezas literarias que se han escrito sobre Filípides. Su «Nenikekamen» o «hemos vencido» fue el desenlace a una historia mitad real mitad leyenda: la de un soldado griego que corrió desde Maratón hasta Atenas en el 490 a.C. para proclamar la victoria ante los persas. Orgulloso y exhausto ante los expectantes ancianos atenienses, Filípides cayó muerto por el esfuerzo.

Un Nenikekamen al que he honrado nada más cruzar la meta de mi maratón. Sí, yo también he vencido. Como Filípides. He vencido al miedo, al conformismo, al cansancio, al dolor, a las dudas. A todo eso le ha ganado una fuerza mucho mayor, capaz de mover a todo el que se lo proponga: «Sísepuede!».

Mi primer abrazo ya como doctorado en esto de las maratones ha sido, cómo no, para Diego. Han sido apenas cuatro horas juntos. El tiempo que puedes pasar compartiendo asiento con un desconocido en un tren Sevilla - Guadix. Pero una maratón une. Y un vagón, como que no. «Qué grandes somos». «Y qué malitos estamos», me responde irónicamente. Son los primeros segundos tras cumplir mi sueño. Sin tiempo para digerirlo, pero con el cosquilleo por lo logrado. Ya no duele nada. Sólo siento orgullo: un día me planteé llegar hasta aquí, y aquí estoy. Me han traído mis piernas, pero también mis ganas.

Tras el de Diego, el segundo abrazo es para una desconocida. Una de las muchas voluntarias encargadas de colgarnos las medallas. «Good job!». Buen trabajo. Gracias. Es un simple trozo de metal rodeando nuestro cuello, pero cuánto cuesta ponérselo. Ahora entiendo el valor que tienen para los deportistas. Orgulloso de ella, la luzco para la fotografía de rigor. Y empezamos a caminar buscando nuestras pertenencias, bien abrigados por la manta térmica. Un silencioso reguero de personas caminan arrastrando sus pies y mordiendo una manzana. Mientras nos reponemos del ingente esfuerzo, cada uno en nuestro fuero interno hacemos examen de conciencia de lo logrado. Sólo la imagen de algunos corredores atendidos por hipotermias nos sacan de ese ensimismamiento.

Llega el momento de recoger la mochila. La habíamos dejado con nuestro chándal, el móvil y la llave de la habitación. Ahora la recogemos cargada con este sueño hecho realidad. El éxito, cuando llega, dificulta ver los fracasos que han llevado a él, se olvidan los malos momentos. Y parece que todo ha valido la pena, porque ha habido un final feliz.

El Cielo

(03/11/08)

Un día después

Siempre creí que el cielo era el nombre de un bar
Con música para bailar y sillones de terciopelo.
«El dios de la luz eléctrica» (José Ignacio Lapido).

Desde pequeños nos han hablado de un lugar al que probablemente (no estoy completamente seguro) iremos al final de nuestra existencia: el Cielo. Para unos es simplemente un destino; para otros, un largo camino que recorrer. De una forma o de otra, lo que está claro es que según el cristal con el que se mire cada uno tenemos nuestra personal concepción del Paraíso. Es algo que está muy relacionado con la fe, si la tienes. Porque también están los incrédulos, esos que piensan que sólo estamos de paso y que después no hay nada más. Supongo que hace ya alguna línea te habrás preguntado porqué me he puesto tan espiritual ahora, justo después de terminar una maratón. La respuesta es así de rotunda: he visitado el «cielo». Pero no te asustes, que no he estado a punto de irme al otro barrio por culpa del esfuerzo físico de los 42 kilómetros. Me explico: Ángel Gámiz nos ha recomendado hacer parada y fonda en The Heaven (El Cielo, en castizo), un restaurante típicamente americano muy céntrico, en la Calle 53 con la Quinta Avenida, a pocos metros del MOMA. Nunca en mi vida había estado tan cerca del Edén.

Aunque para llegar hasta aquí ha habido que recorrer un largo camino de sacrificios, renuncias y, en algunos momentos, de abstinencia. Que han tenido esta recompensa. Eso sí, en The Heaven no me ha recibido San Pedro con sus llaves, sino una señora muy amable, latina, que por su acento bien podría ser cubana. Jamás me podría haber imaginado en mis sueños celestiales rodeado de hamburguesas, aritos de cebolla o nuggets de pollo. Más bien me veía saltando entre esponjosas nubes blancas escoltado por ángeles tocando el arpa. Nada más lejos de la realidad. El auténtico cielo es una Fresh Turkey Specialty Burger con patatas fritas, alitas y una limonada gigante.

Por primera vez en mucho tiempo, devoro sin sentimiento de culpa y sin la calculadora al lado para contar calorías. Qué gozada. Si te exiges algo y encuentras una recompensa como ésta, todos los sacrificios hechos en los últimos cuatro meses se olvidan. Lo logrado vale por todas las tapitas y cañas que se fueron al limbo. Llegó la hora de disfrutarlas otra vez. Esto es el cielo.

Y una vez que lo tocas con la punta de los dedos, alcanzas la inmortalidad. Tu nombre aparecerá eternamente ligado a la maratón. Para siempre grabado negro sobre blanco en la hoja de un periódico, The New York Times, uno de los más prestigiosos del mundo. Pequeñito, perdido en el inmenso mar de los otros 40.000 héroes que también entraron triunfadores en Central Park. Pero ahí estás. Eso ya no se borrará jamás. Y le podrás demostrar a todo el mundo que…

Sísepuede!

Déjà vu

Un año después

Como habrás podido comprobar, la maratón me ha robado tiempo, fuerzas, energías… Pero me ha dado mucho más de lo que me ha quitado. Si pones en una balanza todas esas cosas, claramente se decanta hacia lo obtenido. He aprendido a conocerme más, a tener una rutina, a luchar por conseguir algo, a elevar mi listón, a creer en mí como jamás lo había hecho, a soñar despierto… Pero el mayor premio lo obtuve a medio plazo.

Inmediatamente después de terminar la carrera, me retiré al hotel a relajarme tomando un espumoso baño de agua caliente. Inesperadamente, ese merecido descanso del guerrero fue interrumpido por una visita especial. Nuria, la chica que organizaba nuestra expedición, apareció en mi habitación para decirme que quería ser como yo, sentir lo que yo acababa de sentir. Fui para ella una inspiración igual que para mí lo habían sido aquellos que me motivaron justo un año antes. Me sentí pleno, había inculcado en ella el «Sísepuede!». Así que no dudé un instante en ofrecerle mi apoyo y cualquier ayuda que necesitara.

Por caprichos del destino, un par de meses después, aquella chica que se sumó a mi causa maratoniana se convirtió también en mi pareja. Y comenzó nuestra doble aventura: caminar de la mano y preparar juntos la siguiente maratón de Nueva York. La vida siempre te da segundas oportunidades, y esta vez iba a ser al lado de la persona a la que amo. Revivir en la Gran Manzana experiencias, sensaciones, momentos… Un deja vú en toda regla.

Los cuatro meses que comprendieron desde julio hasta noviembre tienen ciertas similitudes con lo que has leído hasta ahora. Con alguna que otra diferencia, para ajustarse a las condiciones físicas de Nuria, pero a grosso modo muy parecida a la preparación que llevé a cabo para mi primera maratón. Aunque el botín en la meta de Central Park fue mucho mayor.

Durante bastante tiempo había imaginado esa escena, la había preparado a conciencia. Aunque para ello era condición indispensable hacer los 42 kilómetros. Y ocurrió. Aquel día le prometí amor eterno y ella lo aceptó. A partir de ahora recordaremos la Maratón de Nueva York como el lugar en el que empezó una nueva carrera de fondo: la de la vida.

Agradecimientos

Esta aventura ha durado algo más de cuatro meses, pero parece toda una vida. De hecho, adquieres un compromiso vital que espero no abandonar jamás. No hubiera tenido final feliz si a mi lado no hubiese estado toda la gente que la ha querido compartir conmigo. Aquéllos que han soportado mis ausencias, mis desvelos, recelos y preocupaciones. Gracias!

A Nuria. La primera mujer a la que besé al terminar mi primera maratón. Y la última a la que besaré jamás…

A mis padres, por elevar a la enésima potencia el concepto de sacrificio y aplicarlo cada día, a pesar de las adversidades. Gracias a vosotros yo también aprendí que «Sísepuede!».

A mi hermano Nacho, el mejor ejemplo que tengo de superación.

A Ángel Gámiz, mi guía espiritual en esta bendita locura.

A Paquillo Fernández. Un placer entrenar con el mejor atleta español del siglo XXI y compartir habitación y sueños en la Gran Manzana.

A Anchoa. El culpable de que descubriera Nueva York, su maratón... y a Nuria.

A la gente con la que pasé una semana inolvidable: Javi, Joaquín, Rosa, José Ignacio, Claudio, Juan Carlos, Fran, Julio, Diego, Bianca, Paco Pérez…

A Fran, el hombro en el que me apoyé en mis inicios maratonianos.

A los grandes profesionales y mejores personas del Centro Andaluz de Medicina del Deporte. En especial, a Juan de Dios Beas y José Carlos Jaenes, que tanto me han mimado.

Al diccionario de sinónimos y antónimos, que siempre tiene la palabra adecuada.

Al Traumeel, el Ibuprofeno y el Myolastan. Y al Powerade y las bolsas de hielo, mis mejores aliados en los momentos de debilidad física.

A las lucecitas de Times Square. Y a los árboles de Central Park. Por ser mi oxígeno durante mi aventura neoyorquina.

Y a Wendy. Y a Campanilla. Y a todos los Niños Perdidos. Por acompañarme al País de Nunca Jamás.

Vivir sigue siendo una aventura maravillosa…

Bibliografía

Todos estos libros han estado encima de mi mesita de noche, tocando muy de cerca mis sueños cada noche. Me han acompañado de una u otra manera durante esta aventura. Quienes los escribieron quizás no tenían la misma motivación que la mía. Para unos la aspiración era meramente literaria. La de otros la divulgación, o simplemente compartir una experiencia de vida. Lo que está claro es que me inspiraron y me ayudaron en la búsqueda de mi objetivo. Por eso los quiero compartir contigo, por si a ti también te sirven de alguna utilidad.

Armstrong, Lance y Jenkins, Sally: *It's not about the bike: my journey back to life*. Penguin books. New York, 2000.

Barrie, James Mathew: *Peter Pan*. Oxford University Press. Londres, 2007.

Galloway, Jeff: *El maratón, ¡Puedes hacerlo!* Editorial Paidotribo. Barcelona, 2003.

Guerrero Roldán, José: *El deporte según el Yuyu*. RD Editores. Sevilla, 2005.

Higdon, Hal: Maratón. *La más completa y actual guía de entrenamiento*. Tutor. Madrid, 2009.

Jaenes, José Carlos y Caracuel, José Carlos: *Maratón: Preparación psicológica para el entrenamiento y la competición*. Almuzara. Córdoba, 2005.

Kuehls, David: *Cuatro meses para correr un maratón en 4 horas*. Tutor. Madrid, 2007.

Murakami, Haruki: *What I talk about when I talk about running*. Vintage Books. Londres, 2008.

Quintero, Dani: *1.054.875 metros de historia. XXV aniversario Maratón Ciudad de Sevilla*. Instituto Municipal de Deportes. Sevilla, 2009.

Sánchez Benítez, Sergio: *Correr es muy sencillo*. Tutor. Madrid, 2008.

Sánchez Vicario, Emilio y Moioli, Bruno: *Soñar para ganar*. Temas de hoy. Madrid, 2009.

Tzu, Sun: *El arte de la guerra*. Arca de sabiduría. Madrid, 1993.